CARTA DE SÃO CLEMENTE ROMANO AOS CORÍNTIOS

Dados Internacionais de Catalogação na Publicação (CIP)
(Câmara Brasileira do Livro, SP, Brasil

Carta de São Clemente Romano aos Coríntios / tradução do original grego, introdução e notas por Dom Paulo Evaristo Arns. – Petrópolis, RJ : Vozes, 2025. – (Coleção Clássicos da Iniciação Cristã)

Título original: Κλήμεντος προς Κορινθίους Α.

ISBN 978-85-326-7104-2

1. Cartas apostólicas 2. Cristianismo 3. Igreja Católica 4. Teologia I. Arns, Paulo Evaristo. II. Série.

24-226721	CDD-230

Índices para catálogo sistemático:
1. Teologia : Cristianismo 230

Eliete Marques da Silva – Bibliotecária – CRB-8/9380

CARTA DE SÃO CLEMENTE ROMANO AOS CORÍNTIOS

Tradução do original grego, introdução
e notas por Dom Paulo Evaristo Arns

Petrópolis

Tradução do original em grego intitulado *Κλήμεντος προς Κορινθίους Α*

© 2025, Editora Vozes Ltda.
Rua Frei Luís, 100
25689-900 Petrópolis, RJ
www.vozes.com.br
Brasil

Todos os direitos reservados. Nenhuma parte desta obra poderá ser reproduzida ou transmitida por qualquer forma e/ou quaisquer meios (eletrônico ou mecânico, incluindo fotocópia e gravação) ou arquivada em qualquer sistema ou banco de dados sem permissão escrita da editora.

CONSELHO EDITORIAL

Diretor
Volney J. Berkenbrock

Editores
Aline dos Santos Carneiro
Edrian Josué Pasini
Marilac Loraine Oleniki
Welder Lancieri Marchini

Conselheiros
Elói Dionísio Piva
Gilberto Gonçalves Garcia
Francisco Morás
Ludovico Garmus
Teobaldo Heidemann

Secretário executivo
Leonardo A.R.T. dos Santos

PRODUÇÃO EDITORIAL

Aline L.R. de Barros
Jailson Scota
Marcelo Telles
Mirela de Oliveira
Natália França
Otaviano M. Cunha
Priscilla A.F. Alves
Rafael de Oliveira
Samuel Rezende
Vanessa Luz
Verônica M. Guedes

Diagramação: Editora Vozes
Revisão gráfica: Alessandra Karl
Capa: Pedro Oliveira

ISBN 978-85-326-7104-2

Este livro foi composto e impresso pela Editora Vozes Ltda.

Sumário

Prefácio, 7
Introdução, 11
Carta de São Clemente aos Coríntios, 25
Índices, 97

Prefácio

O leitor terá certamente prazer em encontrar-se com um papa disposto a transmitir informações importantes para o conhecimento da Igreja. Ainda mais, sendo esse papa do século I.

De fato, as indicações de Clemente sobre a organização da vida eclesial, sobre a vivência da fé e espiritualidade, sobre ética e disciplina, não podem deixar indiferente o cristão da era pós-conciliar, que está sendo convidado a voltar às fontes de sua fé. Desde já podemos adiantar-lhe ainda que se verá recompensado pelo esforço de leitura: Não encontrará apenas uma grande personalidade, talvez um profeta antigo com pensamento unilinear, mas um chefe cristão que assumiu a tarefa de intérprete da Revelação para o seu tempo.

Acontece ainda que este quarto papa da História nos informe: São Pedro não só esteve em Roma, mas lá igualmente morreu ao lado de São Paulo, depois de este realizar sua viagem até aos "confins da terra", isto é, até à

Espanha. Informa igualmente que nem tudo anda bem na grande comunidade eclesial. Os fatos desagradáveis de Corinto o obrigarão a uma intervenção que é por muitos considerada como primeiro exercício do Primado Romano na era pós-apostólica.

Os especialistas talvez se demorassem mais em deslindar as influências da filosofia, da história e das letras no ambiente cristão. Não há dúvida, a Carta aos Coríntios é um monumento de cultura. A própria língua e o estilo mereceriam, pois, análise.

Nossa ambição, porém, não vai tão longe. Nesta apresentação de São Clemente Romano, queremos apenas facilitar aos estudantes de nossos institutos religiosos o acesso ao texto completo, fielmente traduzido; queremos preparar o terreno para eventuais pesquisas bíblicas e para o conhecimento da situação eclesial do fim do século I.

A literatura, tão carinhosamente catalogada por O. Bardenhewer, J. Quasten e B. Altaner, os patrólogos clássicos de nosso tempo, não será aqui repetida. Por outro lado, porém, não fugiremos à tarefa de interpretação. Quando o texto nos parecer obscuro, ambíguo ou intraduzível, não hesitaremos em tomar posição pelas notas e referências.

Agradecemos à nossa incansável colaboradora, Professora Maria Angela Borsoi, que também nesta edição se encarregou da verificação dos textos e da confecção do índice escriturístico. Sua colaboração deu-nos a certeza de não decepcionarmos o leitor ansioso de voltar às fontes.

Dedicamos este trabalho aos estudantes de Teologia, leigos e clérigos, e em particular aos nossos ex-alunos de Petrópolis, que nos souberam incentivar durante longos anos de ensino e convivência.

São Paulo, 4 de outubro de 1969.

† *Paulo Evaristo Arns, OFM*

Introdução

A Epístola aos Coríntios, chamada por Eusébio "grande e ao mesmo tempo admirável" (Eusébio de Cesareia. *História Eclesiástica*, livro III), continha, em vez de 65 capítulos, apenas 58 para os leitores dos séculos passados. Em 1875 é que foi publicado o manuscrito de Jerusalém com os capítulos 58 a 63, que completava portanto o texto do Codex Alexandrinus (século V). Possuímos hoje, graças à publicação de G. Morin, uma versão latina, possivelmente datada da primeira parte do século II, e outra versão síria antiquíssima, além de duas traduções coptas.

A autenticidade dos 65 capítulos que apresentamos e a autoria de Clemente de Roma[1] já não são mais

---

1. Sobre Clemente Romano existem mais lendas e especulações do que dados históricos. Esses últimos talvez pudessem reduzir-se a dois: 1º) Clemente foi sucessor de São Pedro, portanto Bispo de Roma. 2º) Foi ele que escreveu esta Carta aos Coríntios. Orígenes, Eusébio e Jerônimo querem identificá-lo com o colaborador de São Paulo mencionado na Epístola aos Filipenses (4,3). Na enumeração dos papas, feita por Santo Ireneu ao final do II século, Clemente sucede a São Pedro, Lino e Anacleto. É, portanto, o quarto papa da História. As pseudoclementinas fazem dele um membro da família imperial dos Flávios e as lendas do século IV apresentam-no como exilado e mártir nas ondas do Mar Negro. Sua festa, mesmo no novo calendário, é celebrada na Igreja Latina no dia 23 de novembro, enquanto as Igrejas Bizantina e Síria a celebram no dia 24 do mesmo mês.

postas em dúvida. Além do hábito antigo de o chefe da comunidade cristã falar em nome dela – portanto, Clemente, chefe da comunidade de Roma, falar em nome daquela comunidade – temos toda a série de testemunhos antigos, quase contemporâneos, que vão de São Policarpo através de Dionísio de Corinto, Hegesipo, até São Ireneu, enchendo o século II com a certeza de que o Papa de Roma produziu este documento. Aliás, durante todo esse século, a Carta foi venerada na liturgia das comunidades ao lado das Escrituras.

Finalidade

Alguns agitadores, na cidade internacional de Corinto[2], haviam amotinado os fiéis contra seus presbí-

---

2. Corinto, cidade situada 8km ao sudoeste do Istmo, era passagem obrigatória entre o Centro da Grécia e o Peloponeso. Favorecida ainda por dois portos, conseguiu firmar sua posição de destaque durante toda a antiguidade helênica. Roma, ao abrir os tentáculos sobre o Oriente, tratou de eliminar brutalmente a cidade de Corinto, sua principal concorrente no comércio com o Oriente. A cidade, além de ser arrasada em 146, foi ainda oficialmente amaldiçoada. Assim mesmo, César ordenou a nova fundação da cidade sob o nome *Colonia Laus Iulia Corinthus* (44 a.C.), facilitando a imigração de veteranos e libertos de Roma para lá. De então em diante, Corinto passará a ter fisionomia internacional, embora predomine a língua grega. De 49 a 51 e ainda de 57 a 58 d.C., São Paulo estabeleceu aí florescente comunidade cristã. – Os contrastes sociais continuam chocantes: dois terços da população é escrava; mesmo a população chamada livre vegeta em condições de penosa

teros. Chegaram mesmo a destituí-los de seus cargos. Caso inédito, não apenas em Corinto, mas quanto se sabe, em toda a Igreja cristã, até aquele momento, embora aqui e acolá sempre houvesse contestações. Clemente Romano é chamado a intervir e o faz na qualidade de grande chefe. Sua carta, por isso mesmo, vai muito além dos fatos, para estabelecer princípios gerais, tanto em relação à posição da hierarquia na comunidade quanto à própria convivência comunitária cristã.

Embora o documento não o diga, sabemo-lo através de Dionísio, bispo de Corinto pelos anos de 170, a Carta de São Clemente não apenas alcançou o objetivo, mas se tornou patrimônio espiritual e litúrgico desta comunidade e de outras.

---

miséria, pois a riqueza se concentra nas mãos de pequena minoria. Esta, a exemplo de Roma, se desgasta em orgias (o historiador Estrabão fala de 1.000 hierodulas – prostitutas sagradas – além das tristemente célebres "moças de Corinto". Assim se esclarecem as passagens paulinas um tanto cruas 1Cor 5,1; 6,9-20; 10,8 e 2Cor 7,1). Para entendermos melhor a mensagem de Clemente Romano, seria interessante verificar que a problemática especial – a deposição ilegal de presbíteros – não se desliga da problemática geral, exposta por São Paulo: a) A *gnose* continua a minar o cristianismo. Este, para não se diluir em sabedoria falsa, precisa afirmar o verdadeiro conhecimento que consiste na aceitação do mistério da Cruz, na obediência e na humildade. b) Aos olhos dos coríntios é importante desenvolver bem a argumentação, e sempre em torno de *temas capitais*. c) Continua a ser iminente o perigo de particularismos dentro da comunidade, – manobras pseudodemocráticas – que *minam estruturas e até os princípios inalienáveis*.

Análise

Além do Prólogo (1-6) e da admirável conclusão (59-65), topamos com duas partes bem distintas:

Na primeira delas prepara-se o terreno, e na segunda transmite-se a exortação.

I. Com a habilidade de psicólogo – que conhece a formação bíblica de seus leitores e o mundo helênico em que vive – Clemente apresenta as virtudes necessárias para os cristãos. Entre elas, tomam vulto a conversão contínua (7-8), a obediência encarnada em Abraão (9-10), a hospitalidade ilustrada por Lot e Raab (11-12), e, afinal, a humildade, fonte de paz e doçura (13-15).

Se aplicamos a Clemente a qualificação moderna de psicólogo, é porque queríamos dar realce aos capítulos 16-36, em que apela para os exemplos de Cristo, dos profetas e patriarcas; para a ordem e paz que devem reinar no mundo – e quanto os gregos não hão de ter saboreado os capítulos 20-23; apela para as promessas da vida futura – ressurreição e predestinação (24-30); termina apontando as bênçãos divinas prometidas para hoje, e não apenas para amanhã (31-36). Como no entanto toda a primeira parte se dirige a ouvintes greco-romanos, é natural que termine num convite a manter a ordem estabelecida por Deus. Ordem esta que o espírito militar romano apresenta em forma externa impecável, e que o Corpo Místico de Cristo realiza de forma interna e durável (37-38).

II. A segunda parte não rompe propriamente com a primeira. Os capítulos 39-44, de alto valor teológico, nos indicam a fonte de toda a organização eclesial. Há um só Deus, um só Cristo, um só Espírito. A hierarquia, prefigurada na Antiga Lei, realiza-se numa cadeia ininterrupta do Pai para Cristo, de Cristo para os apóstolos, dos apóstolos para "outros personagens eminentes", escolhidos com o assentimento da Igreja.

Nesta nova condição não há lugar para sedições (46), mas para a caridade, que está acima de todo o elogio (50,1).

Dos capítulos 51 em diante, entramos para as aplicações realistas: os responsáveis pela desordem na comunidade de Corinto hão de fazer penitência (51). Deverão afastar-se mesmo da comunidade, para restituir-lhe clima de concórdia (54-55). Hão de ceder à vontade de Deus (56), para não incorrer em falta grave.

É exatamente após esta aplicação realista, como dissemos acima, que Clemente prorrompe numa oração, que talvez seja a mais bela e perfeita oração comum de toda a Antiguidade (59-61).

A *linguagem* simples e clara não oculta o esforço de redação e a ornamentação de estilo. Na hora em que

Clemente evoca a filosofia estoica, descrevendo a finalidade, beleza e ordem do mundo, como no capítulo 20, conquista para si um lugar na liturgia universal antiga.

Os semitismos, tão explicáveis pelo uso contínuo da Bíblia, não chegam a constituir defeitos.

Estamos diante de verdadeira Carta, mas Carta-documento, expressão litúrgica, exortação em momento dramático, afinal, estamos diante de um escrito que pesa na hora e orienta para o futuro. Não admira, pois, que numa época em que a correção feita tu a tu, sob quatro olhos, seja levada à Igreja, e esta se manifeste com a força da linguagem escriturística. É por este motivo, repetimos, que a Igreja da Síria colocou a Carta junto às Sagradas Escrituras e ocasionou que ela aparecesse no *Codex Alexandrinus* da Bíblia.

Doutrina

Esta posição de destaque que lhe mereceu ser considerada quase como inspirada, ela a deve particularmente à doutrina e ao método bíblico de apresentar a doutrina.

I. Conceito de Deus – Inspirado nas Escrituras e apoiado na filosofia grega, Clemente apresentará sobretudo duas grandes linhas de pensamento:

1º) O Deus Uno e Trino é Senhor do Universo, Criador de uma ordem admirável, dono e sustentáculo de tudo. Se por um lado a profissão de fé na Santíssima Trindade não é explicitada, ela, no entanto, retorna continuamente.

O Pai é a figura que paira sobre toda a primeira parte da Epístola, a ponto de podermos dizer que estamos diante de um escrito engendrado pelo amor do Pai que suscita a atitude filial de obediência e de imitação a Ele. No fundo, tudo se resume numa volta a Ele e numa acolhida do seu Plano em relação à comunidade.

A segunda ideia em relação ao Pai nos leva tanto ao cerne da filosofia grega do tempo como ao Sermão da Montanha. O Pai é Providência. O Pai é Misericórdia. "Aproximemo-nos, pois, dele com alma santa, levantando mãos puras e imaculadas a Ele, amando o nosso Pai bondoso e misericordioso, o qual nos admitiu como herdeiros" (29,1). Será talvez este o motivo pelo qual uma Carta, que termina com a exigência – escandalosa para a mentalidade de hoje – do exílio para os desordeiros, se transforme em leitura preferida para comunidades inteiras. Dentro do vigor da argumentação, há espaço para a compaixão, o carinho e a liberdade dos filhos.

2º) As expressões "em Cristo", "por Cristo" (ἐν Χριστῷ, διὰ ᾽Ιησοῦ Χριστοῦ), além de voltarem continuamente, parecem constituir a garantia da presença de Deus no mundo. Quem ler o capítulo 36 descobrirá não apenas Cristo como Sacerdote e Salvador, mas igualmente como o grande Amigo, que nos revela "a face imaculada e soberana de Deus, abre os olhos de nosso coração, proporciona o encontro com a luz e leva a saborear do conhecimento imortal".

A cristologia, enunciada com tanta firmeza nesse primeiro escrito pós-apostólico, não foi mera elaboração cerebrina, mas vivência total e amorosa das primeiras gerações.

O capítulo 16 nos familiariza afinal com Cristo coberto de chagas, carregando nossos pecados e sofrendo por nós, entregando-se como resgate. É ao mesmo tempo o Cristo Libertador e o Cristo Pastor: "O Senhor quer tirar o tormento de sua alma, mostrar-lhe luz, formá-lo na consciência".

3º) São poucas as indicações teológicas sobre o Espírito Santo. No entanto, acabam sendo muito mais importantes do que poderia imaginar alguém que sabe da evolução tardia da Teologia sobre a Terceira Pessoa da Santíssima Trindade, evolução que se deu apenas com os capadócios e pelos capadócios do século IV.

O Espírito Santo é fonte e raiz das obras e virtudes cristãs (2,2). É Ele que leva à penitência (8,1); mas é sobretudo Ele que fala pelos profetas e apóstolos

(16,1; 42,3). É o Espírito Santo, afinal, que garante a autenticidade das Escrituras (45,1-3) e que leva a pregação do Evangelho à plenitude (42,3-4). Terminando, poderemos dizer que a própria ação de Clemente, como a de todos os homens bons, tem como inspiração de paz e concórdia o Espírito de Deus.

II. Santificação – Não podemos esperar de um escrito ocasional, como é a Carta de São Clemente Romano, todo um tratado de doutrina. Pelas circunstâncias, transformou-se mesmo numa lição de ética e de moral. Por causa da personalidade do autor conseguiu, no entanto, fugir da casuística e passar a ser uma exortação de alto nível. E é aqui que encontramos a chave de toda a interpretação. Como lembram os autores, Clemente emprega a forma da *Haggada*, isto é, o tipo judeu (séculos I-V PC) de teologia bíblica que abarca a moral. Objeto da *Haggada* costumam ser os fatos da vida e estes relacionados com a fé. Os recursos são as lendas, comparações, diatribes, e mesmo a literatura contemporânea. Tudo isto, adaptado ao assunto. O povo que lia ou ouvia a Epístola de São Clemente presenciara o surgimento desta forma judia de transmitir espiritualidade.

São Clemente, seguindo a técnica da *Haggada*, parte de um texto escriturístico. Lá encontra ele seus modelos de obediência e humildade, que possam orientar a comunidade de Corinto. Para que o ensinamento não seja apenas teórico, prefere ele reproduzir ao vivo o perfil dos protótipos da Antiga Aliança, culminando com o exemplo de Cristo. Em seguida, São Clemente confronta os textos e exemplos com a situação geral dos homens e com a situação especial de Corinto. Na aplicação, recorre novamente às Escrituras, para desembocar então num princípio para a existência. Espiritualidade, para ele, é a vivência total da Revelação, no ambiente em que se encontra a comunidade e em que surgem os problemas.

No entanto, falta ainda apontar um elemento essencial dessa *Haggada* cristã: Já reparamos quantas vezes o autor termina as exortações com solene final litúrgico e com sonoro amém. É que a oração constitui o ponto alto, o fecho de toda uma exposição que deve provocar verdadeira conversão. Assim é sobretudo que surge a grande e quase insuperável oração dos capítulos 59 a 61, que deve ter forçado os primeiros leitores a aceitarem o ponto de vista do autor.

Caso o leitor deseje seguir todo o desenvolvimento de uma destas *Haggadas* de São Clemente, abra os capítulos 18 a 20 e examine-os pormenorizadamente. O melhor, no entanto, seria considerar todo o escrito como uma série de *Haggadas* que levam a atitudes da vida, inspiradas nas Escrituras, na filosofia estoica e no ambiente de vida do final do século I.

III. Constituição da Igreja – Poderíamos ter iniciado, ressaltando na Carta de São Clemente, aquilo que os autores costumam ressaltar: as bases de uma eclesiologia do século I. Tudo é feito para o Povo de Deus, mas ordenadamente. Este povo há de viver plenamente a vida nova transmitida pelas Escrituras, em particular pelos evangelhos.

1º) No entanto, uma vez que a carta foi escrita para sanar uma revolta contra presbíteros, é natural que o autor insista na posição da Hierarquia dentro da comunidade eclesial. O cerne de toda a epístola são os capítulos 42-44 e a argumentação em favor dos detentores das funções sagradas; desenvolve-as Clemente em quatro fases:

1º) Jesus Cristo recebeu todo o poder do Pai.

2º) Incumbiu os apóstolos de estabelecerem a hierarquia.

3º) Esses cumpriram a ordem e puseram à testa das Igrejas bispos e presbíteros, dando-lhes os diáconos como auxiliares.

4º) Antes de morrerem, regulamentaram a sucessão, fixando as normas, para que, com o consentimento da comunidade, fossem sempre eleitos os melhores. Clemente tira daí a conclusão estritamente doutrinária de que os serviços eclesiásticos têm como fonte o próprio Deus, e, por isso, não podem ser postos em discussão pela comunidade, embora ela participe democraticamente nas eleições.

Falamos de serviços. E quais seriam estes serviços fundamentais? Um deles vem exemplificado ao longo da Epístola, mas não mencionado expressamente: é o de explicar as Escrituras ao povo.

Os dois outros, no entanto, aí figuram em termos muito claros: Os ministros sagrados são os principais responsáveis pela liturgia. É aliás a primeira vez que este termo "liturgia" aparece na literatura cristã, sendo definido de maneira muito simples: função de apresentar as oferendas (*prosenenkótes tà doõra*).

Uma segunda função, sublinhada por Clemente, é a de governar o rebanho de Cristo. Gostaríamos que os leitores sentissem o sabor do termo grego *politeuómenoi*, quer dizer, "conduzindo os cidadãos" para a sua meta, para a realização do ideal da cidade, da cidade de Deus.

2º) A Epístola aos Coríntios tem sido objeto de grandes debates por causa do Primado Romano, do qual ela seria o primeiro testemunho histórico da era pós-apostólica. Não convém irmos além dos termos; melhor, confiarmos ao leitor os elementos para uma análise.

Alguns dados parecem de grande importância:

1º) São Pedro morreu como mártir em Roma, deixando magnífico exemplo "entre nós" (5-6,1).

2º) Clemente, bispo de Roma, intervém numa comunidade distante, que poderia recorrer a outras personalidades veneradas, possivelmente até a São João Evangelista.

3º) O bispo de Roma expõe os princípios, aplicando-os aos fatos; lavra a decisão; ameaça com penas; exige obediência e cuida da execução através de emissários.

Todos esses pontos levaram os autores mais prudentes a admitir ao menos a manifestação implícita do Primado Romano. Protestantes eminentes, considerando a força dos argumentos, explicam que houve revolução radical em favor do Primado. Não é nossa incumbência discutirmos se houve revolução ou aplicação. Contentamo-nos com a lembrança de fatos.

Antes de concluirmos a breve introdução, deveríamos lembrar que existe uma *Segunda Epístola aos Coríntios*, que é reproduzida muitas vezes logo ao lado desta, e assim atribuída a Clemente. A linguagem, no entanto, é bem outra, e sua composição deve datar dos anos de 150. Trata-se do mais antigo sermão que conhecemos e que talvez tenha sido pronunciado em Corinto mesmo. Nada tem a ver com Clemente Romano.

Carta de São Clemente aos Coríntios

A Igreja de Deus que tem sua residência transitória[3] em Roma à Igreja de Deus com residência transitória em Corinto aos eleitos, santificados na vontade de Deus[4], por intermédio de nosso Senhor Jesus Cristo. Que a graça e a paz vos sejam concedidas em plenitude da parte do Deus todo-poderoso por intermédio de Jesus Cristo[5].

---

3. A era primitiva insiste no caráter transitório da existência terrena. Da mesma sorte, as comunidades cristãs se consideram desinstaladas, peregrinantes. Assim se explica o termo grego *paroikia*, que deu origem à "paróquia": A comunidade que anda em busca da situação definitiva no céu (cf. 1Pd 1,7.17; 2,11; Ef 2,19; Hb 11,9s.; Fl 3,20. E ainda: a dedicatória da *Carta de Policarpo aos Filipenses, Martírio de Policarpo, Pastor de Herma*s 50,1). A Carta só lembra a comunidade de Roma como seu remetente e não o Papa Clemente que de fato a escreveu, conforme testemunho unânime da Antiguidade.

4. A vocação dos cristãos para a santidade é uma das constantes nas Epístolas de São Paulo (cf. 1Cor 1,2; Rm l,6s.; 1Cor 1,24; Rm 8,28. Cf. tb. *Lumen Gentium*, cap. IV).

5. 1Pd 1,2; 2Pd 1,2; cf. Jt 2; 1Tm 1,2; 2Tm 1,2.

1. ¹Por causa das desgraças e das calamidades que se precipitaram repentina e sucessivamente sobre nós[6], talvez estejamos a ocupar-nos com atraso dos acontecimentos que se deram entre vós, caríssimos, e daquela sedição estranha a eleitos de Deus[7], sórdida e ímpia que um punhado de gente irrefletida e audaciosa iniciou, e a tal ponto de loucura incendiou, que o vosso nome, aliás acatado e celebrado, por todos estimadíssimo, fosse seriamente denegrido. ²Pois, quem é que demorou entre vós e não enalteceu vossa fé extraordinária e firme? Não admirou vossa piedade consciente o suave em Cristo? Não encomiou a tradição de vossa hospitalidade generosa? Ou não vos felicitou por vossa doutrina perfeita e segura? ³Tudo realizáveis sem acepção de pessoas[8] e andáveis nos preceitos de Deus, sujeitando-vos aos vossos guias[9] e tributando aos vossos anciãos[10] o respeito que

---

6. Alusão à perseguição de Domiciano (81-96), que será lembrada também pelo autor romano Suetônio (*Domit.* 11) como *inopinata saevitia*, crueldade inesperada.

7. Cf. Rm 8,33; Cl 3,12.

8. Cf. 1Pd 1,17.

9. Cf. At 15,22; Hb 13,7.17.24.

10. Traduzimos o termo *presbyteros*, por ancião, conforme exige o texto. No entanto, desde os *Atos dos Apóstolos* (cf. 11,30; 14,23; 15,2-3; 20,17; 20,28; 21,18) e particularmente nas Epístolas Pastorais de São Paulo (1Tm 5,17; Tt 1,5; 5,7) os *presbyteros* são os responsáveis pelas comunidades cristãs; são eles que "alimentam a Igreja de Deus" (At 20,28). Embora São Clemente nesta e em outras passagens use o termo em seu sentido corrente de anciãos, no cerne da Epístola no entanto lhe dará o valor de termo técnico, que se aproxima do que hoje chamamos padre (cf. 44,5; 47,6; 54,2; 57,1).

lhes é devido. Aos jovens transmitíeis conceitos comedidos e honrosos; às mulheres recomendáveis cumprissem os deveres todos em consciência irrepreensível, santa e pura, amando os maridos como convém; ensinando-lhes ainda a administrar a vida doméstica dentro das normas da obediência e da mais absoluta discrição[11].

2. [1]Todos ainda alimentáveis sentimentos de humildade, isentos de qualquer jatância, mais dispostos a submeter-vos[12] do que a submeter, dando com mais gosto do que recebendo[13]. Contentando-vos com o que Cristo vos dava como viático[14] e meditando sobre suas palavras, vós as guardáveis cuidadosamente em vossos corações, enquanto seus sofrimentos pairavam diante de vossos olhos. [2]Desta sorte, uma paz profunda e abençoada se comunicava a todos e um desejo insaciável de praticar o bem, e a efusão plena do Espírito Santo se produzia em todos[15]. [3]Repletos de uma vontade santa, num zelo bom, levantáveis piedosamente vossas mãos para o Deus onipotente, suplicando-lhe sua misericórdia, quando cometíeis involuntariamente alguma falta.

---

11. Veja recomendações semelhantes no cap. 21,6ss., comparando-as com 1Tm 5,17ss.; Tt 2,4ss.; Ef 5,22ss.; Cl 3,18; 1Tm 2,9s.; 3,11; 1Pd 3,1-4.

12. Cf. Ef 5,21; 1Pd 5,5.

13. At 20,35.

14. Isto é, alimento, graças necessárias para a caminhada ao encontro do Pai.

15. Cf. Jl 3,1; Rm 5,5; Tt 3,5s.; Ap 2,17.

⁴Dia e noite, travava-se entre vós uma luta em favor de toda a fraternidade[16], a fim de conseguir pela misericórdia e pela conscienciosidade a salvação de todos os seus eleitos. ⁵Éreis autênticos e incorruptos, sem malícia uns para com os outros. ⁶Toda revolta e todo cisma[17] vos causavam horror. Sobre as faltas de vossos próximos vos entristecíeis; seus defeitos, os tínheis em conta de vossos. ⁷Não havia por que arrepender-vos por omissão de qualquer bondade, pois estáveis dispostos para toda a ação boa[18]. ⁸Ornados por uma conduta toda virtuosa e honrosa, cumpríeis todas as vossas ações em seu temor. Os mandamentos e as normas justas do Senhor estavam escritos sobre as fibras de vossos corações[19].

3. ¹Plena reputação e prosperidade vos foi concedida, cumprindo-se a palavra da Escritura: "O muito amado comeu e bebeu, engordou e empanturrou-se, e recalcitrou"[20]. ²Daí nasceram ciúme[21] e inveja, discórdia

---

16. Cf. 1Pd 2,17.
17. Ruptura, cisão. A grande preocupação de todos os autores da era apostólica e pós-apostólica girava em torno da união. Cf. por exemplo, as Epístolas de São Paulo e de Santo Inácio de Antioquia. Cf. nota 231.
18. Tt 3,1; cf. 2Cor 9,8; Cl 1,10; 1Tm 5,10; 2Tm 2,21; 3,17; Tt 1,16.
19. Cf. Pr 7,3; 22,20.
20. Dt 32,15.
21. Clemente, nesta Epístola, escreverá verdadeira história do ciúme, um dos principais obstáculos ao Plano de Deus.

e revolta, perseguição e desordem, guerra e cativeiro. ³Assim é que se levantaram os sem honra contra os honrados[22], os sem respeito contra os respeitados, os insensatos contra os sensatos, os jovens contra os anciãos. ⁴Por isso a justiça e a paz se afastaram para longe[23], no momento em que cada qual abandonou o temor de Deus e se obscureceu o olhar em sua fé, não andando conforme as prescrições de seus mandamentos nem conduzindo-se de maneira digna de Cristo[24]. Pelo contrário, cada qual andando segundo os desejos de seu coração perverso, admitindo em si um ciúme injusto e ímpio, ciúme que aliás gerou a morte para o mundo[25].

4. ¹Pois assim está escrito: "E aconteceu, após dias, que Caim oferecesse dos frutos da terra um sacrifício a Deus e também Abel por sua vez oferecesse das primícias dos rebanhos e das gorduras deles. ²E olhou Deus para Abel e seus dons, não reparando porém em Caim e seus sacrifícios. ³Entristeceu-se muito Caim e seu rosto se abateu. ⁴Falou então o Senhor a Caim: Por que te tornaste sombrio e por que se te abateu o rosto? Acaso não pecaste, pois embora tua oferenda fosse correta, a

---

22. Cf. Is 3,5.
23. Cf. Is 59,14.
24. Cf. Fl 1,27.
25. Sb 2,24. As raízes do ciúme se encontram na prepotência e no orgulho da comunidade relativamente próspera de Corinto.

escolha dela não o foi?[26] [5]Acalma-te. A oferenda voltará a ti e poderás dela dispor[27]. [6]Falou então Caim a Abel seu irmão: Vamos para a planície. E aconteceu que enquanto estavam na planície, Caim se levantou contra Abel seu irmão e o matou"[28]. [7]Vede, irmãos, ciúme e inveja produziram fratricídio. [8]Por motivos de ciúme, nosso pai Jacó fugiu diante da face de Esaú seu irmão[29]. [9]Ciúme fez com que José fosse perseguido à morte e acabasse na cadeia[30]. [10]Ciúme obrigou Moisés a fugir da presença do faraó, rei do Egito, na hora de ouvir de um de seus compatriotas: Quem é que te constituiu árbitro e juiz sobre nós?[31] Não queres matar-me, da mesma forma como ontem mataste o egípcio?[32] [11]Por causa do ciúme, Aarão e Maria foram expulsos do acampamento[33]. [12]Ciúme conduziu a Datã e Abirão vivos para o Hades, por se revoltarem[34] contra Moisés o

---

26. Curiosa interpretação bíblica de Clemente, que julga correta a forma do sacrifício, mas não a escolha das oferendas.

27. O texto grego não é claro. Se Deus não aceitou a oferenda, ela já estaria de *per si* prejudicada. Talvez queira o autor frisar a liberdade da decisão humana que será sempre aceita por Deus, enquanto sincera.

28. Gn 4,3-8.

29. Gn 27,41ss.

30. Gn 37.

31. Cf. Lc 12,14; At 7,27.

32. Ex 2,14.

33. Nm 12. De fato, o texto sagrado só fala da exclusão de Maria.

34. Nm 16.

servo de Deus[35]. [13]Por ciúme, Davi não apenas colheu inveja da parte dos estrangeiros, mas foi até perseguido por Saul, rei de Israel.

5. [1]Mas, para pormos termos aos exemplos antigos, passemos aos atletas[36] que nos tocam de muito perto: verifiquemos os nobres exemplos de nossa geração. [2]Por ciúme e inveja foram perseguidos e lutaram até à morte as nossas colunas[37] mais elevadas e mais retas. [3]Fixemos nossa vista sobre os valorosos apóstolos. [4]Pedro, que por ciúme injusto não suportou apenas uma, ou duas, mas numerosas provas e, depois de assim render testemunho[38], chegou ao lugar[39] merecido da glória. [5]Por ciúme e discórdia, Paulo ostentou o preço da paciência. [6]Sete

---

35. Cf. Nm 12,7; Hb 3,5.

36. A aceitação de valores da cultura, e entre eles do esporte, do mundo antigo foi constante preocupação de São Paulo como o será agora de Clemente de Roma, e nos próximos séculos, de Clemente de Alexandria, Orígenes, e sobretudo dos grandes autores capadócios.

37. Cf. Gl 2,9; Ap 3,12. Alusão clara à morte de Pedro e Paulo, colunas do cristianismo, que tombaram durante a perseguição de Nero. Deste mesmo texto, poder-se-ia ainda concluir que a perseguição foi devida à inveja de judeus e judeus-cristãos contra os cristãos (cf. tb. Tácito, *Annales* 15,44).

38. Do termo grego *martyréo*, dar testemunho, surgiu o termo mártir, homem que morre pela fé ou por uma grande causa. Embora São Clemente, na dúzia de vezes que emprega a palavra, o faça no sentido clássico de dar testemunho, aqui e no versículo 7, abre caminho para o novo sentido técnico do vocabulário cristão.

39. Cf. Jo 14,2; At 1,25.

vezes carregado de cadeias, exilado, apedrejado, arauto no Oriente e no Ocidente[40], recebeu a ilustre glória por sua fé. ⁷Ensinou ao mundo todo a justiça e chegou até aos confins do Ocidente[41], dando testemunho diante das autoridades. Assim deixou o mundo e foi em busca do lugar santo, ele, que se tornou o mais ilustre exemplo de paciência[42].

6. ¹A esses homens de conduta santa ajuntou-se grande multidão de eleitos[43], que, por ciúme, suportaram muitos ultrajes e torturas e se transformaram no mais belo exemplo entre nós[44]. ²Por ciúme, foram perseguidas mulheres, que, quais Danaídes e Dirces[45], sofreram afrontas

---

40. At 9,23.25.29s.; 13,50; 14,5s.l9; 16,20-23; 17,10.14; 20,3; 21,27s.; 2Cor 11,23-33; 1Tm 2,7; 2Tm 1,11.
41. Alusão à possível viagem de São Paulo até a Espanha, que era tida pelos romanos como parte extrema do Ocidente (cf. Rm 15,24-28, como também o *Fragm. de Muratori*, dos anos de 180).
42. Cf. 1Pd 2,21.
43. Também o escritor romano Tácito, aliás tão conciso e sóbrio. fala da *multitudo ingens*, da multidão sem conta, ceifada pela perseguição de Nero.
44. Em Roma.
45. Os sofrimentos das mulheres cristãs, durante a perseguição de Nero, são comparados aos das heroínas da mitologia grega, conhecidas como filhas de Danaos. Estas foram submetidas ao trabalho absurdo de encher com água pipas de fundo perfurado. Dirce, por sua vez, foi amarrada aos chifres de um touro e arrastada por ele à morte. É conhecido o gosto do público greco-romano pela representação ao vivo de cenas sangrentas da mitologia.

atrozes e sacrílegas, percorrendo a trajetória segura da fé[46] e obtendo o nobre prêmio, elas que eram fracas no corpo. ³Ciúme separou esposas de esposos, transtornando a palavra de nosso pai Adão: "Ela é osso de meus ossos e carne de minha carne"[47]. ⁴Ciúme e intriga destruíram grandes cidades e erradicaram nações poderosas[48].

7. ¹Ao vos escrevermos tais coisas, caríssimos, não apenas vos levamos à reflexão, mas também nos advertimos a nós mesmos: pois nos encontramos no mesmo campo de batalha e a mesma luta[49] nos espera. ²Abandonemos, pois, as opiniões vazias e tolas e voltemo-nos para a regra gloriosa e santa da tradição[50]. ³E vejamos o que é belo, o que é agradável e o que é aceito[51] aos olhos daquele que nos fez. ⁴Fixemos o olhar no sangue

---

46. Cf. At 13,25; 20,24; 1Cor 9,24s.; 2Tm 4,7.
47. Gn 2,23.
48. Clemente deve ter em vista o que aconteceu a Troia, Babilônia, Cartago e Jerusalém. Os coríntios, por sua vez, se lembrariam, como os romanos reduziram sua cidade de Corinto a um montão de ruínas no ano de 146 a.C.
49. Cf. Fl 1,30.
50. Tradição, em grego *parádosis*, ocorre só aqui, na era pós-apostólica. As gerações cristãs dos primeiros séculos tomavam muito a sério a responsabilidade de conservar e traduzir, fielmente, de geração em geração, o que haviam recebido dos apóstolos. Esta consciência se revelará sobretudo nos escritos de Santo Ireneu (fins do II século).
51. Cf. Sl 132,1; 1Tm 2,3; 5,4.

de Cristo e compreendamos quanto é precioso[52] aos olhos do Pai, pois derramando-o por nossa salvação ofereceu-o ao mundo todo pela conversão[53]. [5]Percorramos todas as gerações e aprendamos que de geração em geração o Senhor deu possibilidade de conversão[54] àqueles que a Ele quiseram voltar. [6]Noé anunciou a conversão e salvaram-se os que o escutaram[55]. [7]Jonas anunciou aos ninivitas a ruína: os que fizeram penitência de seus pecados reconciliaram-se com Deus por suas súplicas e alcançaram salvação[56], embora fossem estranhos a Deus[57].

8. [1]Sobre a conversão falaram os ministros da graça de Deus sob inspiração do Espírito Santo. [2]Sobre a conversão falou ainda o próprio Senhor de tudo, jurando: "Tão certo como vivo, diz o Senhor, não quero a morte do pecador, mas sua conversão"[58]. E acrescentou um

---

52. Cf. 1Pd 1,19.

53. Cf. Mt 26,28; Mc 14,24: Lc 22,20; 1Jo 1,7. A penitência é dom de Deus. O termo grego *metánoia*, conversão, isto é, reconhecimento da própria falta, arrependimento e *volta ao pai*, será traduzido para o latim por *penitência* e perderá com o tempo o sentido pleno que as Escrituras e os escritores cristãos antigos lhe davam.

54. Sb 12,10.

55. Nada nos diz o Gênesis (c. 7) da pregação de Noé; deve o fato constar em tradição antiga, tradição aliás retomada por São Pedro (cf. 1Pd 3,20; 2Pd 2,5).

56. Cf. Jn 3; Mt 12,41; Lc 11,32.

57. Os ninivitas não pertenciam ao Povo de Deus e por isso lhe eram, de certa forma, estranhos. Cf. Ef 2,12ss.; 4,18.

58. Ez 33,11.

belo conselho: ³"Convertei-vos, casa de Israel, de vosso erro! Dize aos filhos de meu povo: Ainda que vossos pecados se amontoassem da terra até ao céu, ainda que fossem mais vermelhos que a púrpura e mais negros que o saco[59], se vos voltardes para mim de todo coração e disserdes: Pai!, eu vos atenderei como se fôreis um povo santo"[60]. ⁴Em outra parte ainda fala assim: "Lavai e purificai-vos, afastai as maldades de vossas almas de diante de meus olhos. Deixai de vossas maldades, aprendei a praticar o bem, procurai a justiça, socorrei ao oprimido, fazei justiça ao órfão, defendei a viúva, e então também vinde para pormos as coisas em ordem, diz o Senhor. E se vossos pecados forem como púrpura, os tornarei brancos como neve, se forem escarlate, como lã os farei alvos. Se vos dispuserdes a escutar-me, comereis os bens desta terra; se porém não quiserdes ouvir-me, a espada vos devorará. A boca do Senhor falou isso"[61]. ⁵No desejo de levar todos os seus amados a participar da conversão, fortaleceu-vos por sua vontade todo-poderosa.

9. ¹Por isso, obedeçamos a sua vontade excelsa e gloriosa; supliquemos, prosternados, piedade e bondade; recorramos às suas misericórdias; abandonemos a vaidade, a discórdia e o ciúme que conduzem à morte.

---
59. Cf. Is 50,3; Ap 6,12.
60. Cf. Jr 24,7; Ez 33,11ss.
61. Is 1,16-20.

²Fixemos os olhos sobre aqueles que serviram com perfeição à sua magnífica glória[62]. ³Tomemos por exemplo Enoc, que, encontrado justo em sua submissão, foi arrebatado e não se encontrou indício de sua morte[63]. ⁴Noé, reconhecido fiel, recebeu o encargo de anunciar o renascimento do mundo, e o Senhor salvou por ele os seres que entraram em harmonia para dentro da arca[64].

10. ¹Abraão, proclamado o amigo[65], revelou-se fiel em sua submissão às palavras de Deus. ²Por obediência, saiu ele de sua terra, dentre seus parentes e da casa de seu pai; para assim deixar uma terra pequenina, uma parentela pouco importante, uma casa modesta, e herdar as promessas de Deus. Pois é Ele quem lhe diz: ³"Deixa tua terra, teus parentes e a casa de teu pai, para te dirigires à terra que eu mostrarei. Hei de fazer de ti um povo grande; eu te abençoarei e engrandecerei teu nome, e serás abençoado. E abençoarei os que te abençoarem e amaldiçoarei os que te amaldiçoarem. Em ti serão benditas todas as tribos da terra"[66]. ⁴Outra vez, ao separar-se ele de Ló, falou-lhe Deus: "Levanta teus

---

62. 2Pd 1,17.
63. Gn 5,24; Hb 11,5.
64. Gn 6,8s.; 7,1; 8,18s.; Hb 11,7; 2Pd 2,5. A harmonia, além de tema favorito da filosofia estoica, merece a atenção especial dos coríntios, ora em desarmonia, por causa da revolta contra os presbíteros.
65. Cf. Is 41,8.
66. Gn 12,1-3: cf. Hb 11,8.

olhos e mede o espaço daqui onde estás em direção a norte e sul, leste e mar: pois toda essa terra que vês eu te darei a ti e à tua descendência para sempre. ⁵Farei tua descendência como o pó da terra: se alguém chegar a contar o pó da terra então se contará também tua descendência"[67]. ⁶E ainda diz: "Conduziu Deus a Abraão para fora e lhe falou: Levanta os olhos para o céu e conta os astros, se é que consegues contá-los; assim será a tua descendência. Abraão acreditou em Deus e isso lhe foi imputado como justificação"[68]. ⁷Por causa da fé e da hospitalidade[69], foi-lhe dado um filho na velhice e por obediência ele o ofereceu como sacrifício a Deus sobre um dos montes que Ele lhe mostrara[70].

11. ¹Por causa da hospitalidade e piedade, Ló se salvou de Sodoma, quando a terra em torno foi castigada com fogo e enxofre. Assim o Senhor tornou claro que não abandona os que esperam nele mas que entrega os que se apoiam alhures ao castigo e ao suplício. ²A mulher acompanhava-o efetivamente na saída, sem

---

67. Gn 13,14-16.
68. Gn 15,5-6; cf. Rm 4,3; Hb 11,12; Tg 2,23.
69. Cf. Gn 18. A hospitalidade, tão necessária numa cidade portuária como Corinto, será celebrada, ao longo dos séculos, pelo cristianismo. Fora ela um dia a característica da comunidade de Corinto (cf. acima, 1, 2) e neste instante vinha sendo postergada (cf. mais adiante, 35,5).
70. Gn 21,1-7; 22,1-19; cf. Hb 11,11.17; 6,12-15.

contudo partilhar sua fé e crença e transformou-se num sinal disso; a ponto de reduzir-se a uma estátua de sal até aos nossos dias, para assim todos poderem inteirar-se de que os de alma dupla[71] e os desconfiados do poder de Deus serão punidos para escarmento de todas as gerações.

12. [1]Pela fé e hospitalidade, salvou-se Raabe, a meretriz[72]. [2]Pois ao serem enviados espias por Jesus, filho de Navé, para Jericó, o rei do país soubera que haviam chegado para explorar-lhes a terra; enviou então homens para os prenderem, e, uma vez presos, matarem. [3]Raab a hospitaleira recebeu-os e ocultou-os no andar superior debaixo da palha de linho[73]. [4]Quando se apresentaram os emissários do rei e lhe falaram: "Aqui entraram os espias que vieram reconhecer nossa terra. Entrega-os, pois é o rei que assim manda", respondeu-lhes ela: "De fato entraram em minha casa os homens que procurais, mas logo se retiraram e continuam seu caminho"[74]. E ela apontou-lhes a direção oposta[75]. [5]Falou ela então aos espias: "Sei e disso me convenci: o Senhor Deus vos entrega esta terra, pois o medo e o pânico se apoderaram dos habitantes. Quando, pois, acontecer que a

---

71. Cf. Tg 1,8; 4,8.
72. Js 2; cf. Hb 11,31; Tg 2,25.
73. Js 2,3.
74. Js 2,1-6.
75. Js 2,9-13.

conquisteis salvai-me a mim e a casa de meu pai"[76]. [6]Os espias lhe retrucaram: "Há de ser assim como falaste. Quando, pois, nos vires aproximar, hás de reunir todos os teus sob o teu teto e serão salvos, pois todos quantos se encontrarem fora de casa perecerão". [7]Propuseram-lhe ainda como sinal, que dependurasse da casa dela algo de vermelho, tornando assim evidente que pelo sangue do Senhor viria a redenção para todos os que cressem e esperassem em Deus. [8]Vede, amados, que nesta mulher não houve apenas fé, mas também dom de profecia.

13. [1]Tornemo-nos, pois, humildes, irmãos, depondo toda jatância, orgulho, excesso e ira, para cumprirmos o que está escrito. Pois diz o Espírito Santo: "Não se orgulhe o sábio em sua sabedoria, nem o forte em sua força, nem o rico em sua riqueza, mas aquele que se gloriar glorie-se no Senhor[77], para procurar a Ele e praticar o direito e a justiça"[78]. Antes de mais nada, lembremo-nos das palavras que o Senhor Jesus falou[79] como mestre de equidade e magnanimidade. [2]Pois foi assim que ele disse: Sede misericordiosos, para obterdes misericórdia; perdoai, para serdes perdoados; assim

---

76. Js 2,14.
77. Cf. 1Cor 1,31; 2Cor 10,17.
78. Jr 9,23-24.
79. Cf. At 20,35.

como fizerdes, vos será feito; como derdes, vos será dado; como julgardes, sereis julgados; como fizerdes o bem, vos será feito; com a medida com que medirdes, vos será medido em troca[80]. ³Com este mandamento e estes preceitos", fortaleçamo-nos a nós próprios, para andarmos na submissão à suas sagradas palavras em toda humildade. Pois a palavra sagrada assim reza: ⁴Para quem hei de olhar, senão para o manso e pacífico e para aquele que respeita os meus oráculos[81]?

14. ¹É justo e santo, irmãos, tornarmo-nos antes submissos a Deus do que seguirmos àqueles que se deixam levar pela arrogância e orgulho, aos instigadores do miserável ciúme[82]. ²Seremos expostos não a prejuízo qualquer, mas a grande perigo, se nos entregarmos temerariamente aos caprichos dos homens, que visam a discórdia e a sedição para alienar-nos da boa conduta. ³Sejamos bondosos uns para com os outros, seguindo a misericórdia e a doçura de nosso Criador.

---

80. Mt 5,7; 6,14.15; 7,1-2.12; Lc 6,31.36-38. Máximas do Sermão da Montanha, porém alinhadas em ordem diferente. Talvez São Clemente as copiasse de modelos de sermões e exortações, já então existentes, ou até de alguma coletânea de textos sagrados.

81. Is 66,2.

82. Ao falar do ciúme (3-4), da penitência (7-8), obediência e hospitalidade (9-12) e afinal da humildade (13) Clemente vinha preparando o terreno, para, nesta altura, tirar suas primeiras grandes conclusões em relação ao caso de Corinto. Após duas frases fortes e claras, voltará aos termos da exortação genérica.

⁴Pois está escrito: Os mansos habitarão a terra; os inocentes serão deixados sobre ela, enquanto que os pecadores serão exterminados dela[83]. ⁵E em outra ocasião: "Vi o ímpio exaltar-se orgulhoso como os cedros do Líbano; passei, e eis que ele já não existia; procurei então o lugar dele e não o encontrei. Guarda a inocência e observa a justiça, pois se consagra a memória do homem portador da paz[84].

15. ¹Unamo-nos, pois, aos que mantêm a paz na santidade, e não aos que pretextam a paz por hipocrisia. ²Pois diz-se em algum lugar: "Este povo me honra com os lábios, enquanto que o seu coração se encontra longe de mim"[85]. ³E novamente: "Abençoavam com a boca, mas com o coração amaldiçoavam"[86]. ⁴E novamente: "Amavam-no com os lábios e com a língua lhe mentiam; o coração não era sincero para com ele, nem se mantiveram fiéis à aliança dele"[87]. ⁵"Por isso se tornem mudos os lábios dolosos que proferem maldades contra o justo"[88]. E ainda: "Que o Senhor extermine todos os lábios dolosos, a língua arrogante, os que dizem:

---

83. Sl 36,9.38; Pr 2,21-22.
84. Sl 36,35-37.
85. Is 29,13; Mt 15,8; Mc 7,6.
86. Sl 61,5.
87. Sl 77,36-37.
88. Sl 30,19.

Engrandecemos nossa língua; nossos lábios estão em nosso poder! Quem é nosso Senhor? ⁶Por causa da miséria dos pobres e do gemido dos necessitados me levantarei agora, diz o Senhor. Irei colocá-los a salvo. ⁷Julgarei seu caso com isenção"[89].

16. ¹Pois Cristo pertence aos humildes e não aos que se elevam acima da grei[90]. ²O cetro da majestade de Deus, o Senhor Jesus Cristo[91], não veio com aparato de arrogância e orgulho, embora pudesse tê-lo feito, mas com humildade, como o Espírito Santo sobre Ele anunciou. Pois disse: ³"Senhor, quem deu crédito à nossa palavra? A quem se revelou o braço do Senhor? Nós anunciamos em presença dele: como escravo, como raiz em terra sedenta é Ele! Não possui nem beleza nem brilho. Nós o vimos, não tinha beleza, nem aparência agradável. Sua beleza era antes desprezível, perdia para a beleza dos homens. Um homem açoitado, trabalhado e habituado a sofrer fraquezas; afastou o rosto, menosprezado; não contou para nada. ⁴Ele carrega nossos pecados e sofre por nós; vimos nele um homem atormentado, açoitado e

---

89. Sl 11,4-6.

90. Foi o caso daqueles desordeiros de Corinto que quiseram expulsar os pastores legítimos.

91. Por Jesus, o Pai dirige os destinos do mundo. O verso, além de estar vasado em termos de solenidade litúrgica, encerra implicitamente a doutrina da preexistência de Cristo.

humilhado. ⁵Foi coberto de chagas, por causa de nossos pecados e foi debilitado por causa de nossos crimes: o castigo que nos educa para a paz caiu sobre Ele e nós fomos curados graças às suas chagas. ⁶Todos, como ovelhas, andávamos extraviados; o homem se tinha desviado de sua trajetória. ⁷O Senhor o entregou em resgate por nossos pecados e Ele não abriu a boca diante dos maus tratos. Como cordeiro, foi conduzido ao matadouro, e, como ovelha, diante do tosquiador permaneceu calado, não abriu a boca. Na humilhação foi levantada sua condenação. ⁸Quem anunciava sua geração? Pois sua vida será tirada da terra. ⁹Por causa das iniquidades de meu povo é ele conduzido à morte. ¹⁰E eu darei os maus como reféns de sua sepultura e os ricos em troca da sua morte, pois não cometeu mal algum e em sua boca não se encontrou dolo. E o Senhor quer purificá-lo de sua ferida. ¹¹Se oferecerdes sacrifício por vosso pecado, vossa alma verá uma descendência de longa vida. ¹²O Senhor quer tirar o tormento de sua alma, mostrar-lhe luz e formá-lo na consciência, justificar o justo que serviu bem a muitos: Ele próprio há de tomar sobre si os pecados deles. ¹³Por isso terá como herança multidões e distribuirá os troféus dos poderosos pelo fato de sua alma ser entregue à morte e Ele ter sido enumerado entre os ímpios. ¹⁴E Ele próprio suportou os pecados de muitos e se entregou pelos pecados deles"⁹². ¹⁵Ele próprio ainda diz: "Eu porém não passo de um verme, não sou homem, opróbrio sim dos homens e rebutalho do povo. ¹⁶Todos os que me viram zombaram de mim, murmuraram com os lábios e menearam a cabeça⁹³. Confiou no Senhor, que o livre; salve-o, pois lhe quer bem"⁹⁴. ¹⁷Vede, amados, que modelo nos foi dado⁹⁵! Se o Senhor assim se humilhou, que faremos nós que chegamos por Ele ao jugo de sua graça.

17. ¹Tornemo-nos imitadores daqueles que em peles de carneiros e ovelhas percorriam a terra⁹⁶, anunciando a chegada de Cristo⁹⁷: pensamos em Elias e Elizeu, ainda em Ezequiel, os profetas, e além disso naqueles que receberam testemunho favorável. ²Recebeu magnífico testemunho Abraão, sendo proclamado amigo de Deus. Ainda assim, contemplando a glória de Deus, confessou em sua humildade: "Eu por mim sou terra e cinza"⁹⁸. ³Também sobre Jó desta forma se escreveu: Jó porém "era justo e irrepreensível, verdadeiro, temente a

---

92. Is 53,1-12.
93. Cf. Mt 27,39.
94. Sl 21,7-9; cf. Mt 27,43.
95. Cf. 1Pd 2,21.
96. Hb 11,37. Sobre as vestes proféticas, cf. 3Rs 19,13.19; 4Rs 2,8.13s.; Zc 13,4.
97. Cf. At 7,52.
98. Gn 18,27.

Deus, afastado de todo o mal"[99]. ⁴Apesar disso, ele próprio se acusa, dizendo: "Ninguém é isento de impureza, mesmo que sua vida só fosse de um dia"[100]. ⁵Moisés foi chamado "fiel servidor em toda a casa de Deus[101] e pelo ministério dele castigou Deus o Egito com pragas e sofrimentos. Mas também ele, embora tão magnificamente exaltado, não se excedeu em termos grandiloquentes, mas falou, ao chegar-lhe o oráculo da sarça: "Quem sou eu, para me enviares?[102] Tenho voz fraca e dificuldade para falar"[103]. ⁶E novamente assim fala: "Não passo de vapor que se esvai da marmita"[104].

18. ¹Que dizer de Davi e seu testemunho? A ele falou Deus: "Descobri um homem segundo o meu coração, Davi filho de Jessé, em eterna misericórdia eu o ungi"[105]. ²Mas também ele fala para Deus: "Tem pena de mim, ó Deus, segundo a tua grande piedade e segundo a multidão de tuas misericórdias apaga o meu pecado. ³Lava-me sempre mais de minha iniquidade e purifica-me de meu pecado; pois conheço a minha injustiça

---

99. Jó 1,1.
100. Jó 14,4-5.
101. Nm 12,7; Hb 3,2.5.
102. Ex 3,11.
103. Ex 4,10.
104. A expressão não se encontra na Sagrada Escritura, talvez provenha de algum apócrifo, quem sabe da *Assumptio Moysis*.
105. 1Rs 13,14; Sl 88,21; cf. Is 54,8; At 13,22.

e o meu pecado está sempre diante de mim. ⁴Pequei contra ti somente e pratiquei o que é mau a teus olhos; para que estejas justificado em tuas palavras e venças, se te julgarem. ⁵Eis que fui concebido em iniquidades e no pecado minha mãe me levou em seu seio. ⁶Eis que amaste a verdade; revelaste-me os mistérios obscuros de tua sabedoria. ⁷Hás de aspergir-me com hissopo e serei purificado; hás de lavar-me e eu me tornarei mais alvo que a neve. ⁸Hás de fazer-me ouvir o som da alegria e da festa e rejubilarão os ossos humilhados. ⁹Afasta o rosto de meus pecados e apaga todas as minhas iniquidades. ¹⁰Cria um coração puro em mim, ó Deus, e forma um espírito firme em meu peito. ¹¹Não me afastes de tua presença e não retires de mim o teu espírito santo. ¹²Restitui-me a alegria de tua salvação e confirma-me com um espírito magnânimo. ¹³Ensinarei aos pecadores teus caminhos e os ímpios hão de converter-se para ti. ¹⁴Livra-me de ações sanguinárias, ó Deus, Deus de minha salvação. ¹⁵Minha língua exaltará a tua justiça. Senhor, hás de abrir-me a boca e meus lábios anunciarão o teu louvor. ¹⁶Se tivesses desejado um sacrifício, tê-lo-ia oferecido; não te agradas porém de holocaustos. ¹⁷Sacrifício para Deus é um espírito arrependido; e não desprezará Deus um coração contrito e humilhado"[106].

---

106. Sl 50,3-19.

19. ¹A humildade e a modéstia de homens tão grandes e tão santos, de tal forma aprovados pela sua obediência, não só nos tornaram melhores a nós, mas também as gerações que nos precederam, os que receberam as palavras dele[107] em temor e verdade. ²Depois de assim participarmos de muitas, grandes e gloriosas ações, corramos para a meta de paz que nos foi proposta desde o início; fixemos nosso olhar sobre o pai e criador de todo o mundo e agarremo-nos aos seus magníficos e excelsos dons da paz e benefícios. ³Olhemos para Ele em espírito e consideremos com os olhos da alma sua generosa vontade: Reconheçamos quanto é indulgente para com toda a sua criação.

20. ¹Os céus[108] movem-se por sua disposição e se lhe submetem em paz. ²O dia e a noite percorrem a trajetória por Ele marcada, sem jamais se impedirem mutuamente. ³Sol e lua, coros dos astros giram conforme sua determinação em harmonia e sem desvio algum pelas órbitas a eles prescritos. ⁴A terra fecunda, submissa à sua vontade, nas estações próprias traz copioso sustento a homens, animais e todos os seres vivos, sem

---

107. Isto é, de Deus.
108. O hino à criação, que tornou célebre o capítulo 20, encontra paralelos não apenas no mundo judaico, mas igualmente na poesia helênica. A novidade se exprime pela fé no Deus-Criador pessoal e transcendente, nota característica do cristianismo que, aliás, no século XIII, inspirará a São Francisco o Cântico das Criaturas, considerado primeira joia das línguas modernas.

se rebelar nem afastar da ordem por Ele intencionada. ⁵As profundezas insondáveis dos abismos[109] e paragens subterrâneas inexploradas se mantêm pelas suas leis. ⁶O mar imenso, encerrado segundo o seu plano nesta bacia que o contém reunido, não ultrapassa os limites[110] que lhe foram postos em torno. Mas, assim como se lhe ordenou, também faz. ⁷Pois foi Ele quem disse: "Até aqui chegarás e tuas ondas se quebrarão em ti"[111]. ⁸O oceano, intransponível aos homens, bem como os mundos atrás dele[112], ordenam-se pelas mesmas leis do Senhor. ⁹As estações da primavera, verão outono e inverno, se sucedem umas às outras em paz. ¹⁰Os esquadrões dos ventos[113] cumprem a seu tempo o serviço deles sem desfalecer[114], as fontes perenes, criadas para gozo e saúde, oferecem sem interrupção os peitos para dar vida aos homens; até os mais pequeninos dentre os animais fazem suas reuniões em harmonia e paz. ¹¹Todas essas coisas o grande Criador e Senhor de tudo[115] as ordenou

---

109. Jó 5.9; 9,10; Rm 11,33.
110. Cf. Gn 1,9; Jó 38,10s.
111. Jó 38,11.
112. Crença geral na Antiguidade, não só de que os mares eram intransponíveis, mas também que ocultavam novos mundos. A epopeia lusitana soube inspirar-se nela 14 séculos mais tarde.
113. Cf. Jó 28,25.
114. Conforme a representação dos antigos, cada um dos quatro ventos tinha o seu quartel, donde partia para as missões ou serviços.
115. Cf. Hb 11,10.

para existirem em paz e concórdia, pois deseja o bem de todas as criaturas e se mostra generoso até o excesso em relação a nós que nos refugiamos em suas misericórdias por nosso Senhor Jesus Cristo. [12]A Ele a glória e a majestade pelos séculos dos séculos. Amém[116].

21. [1]Cuidai, amados, que seus benefícios tão numerosos não se transformem em condenação para nós, o que se dará se não nos conduzirmos dignos dele[117] e não realizarmos em concórdia o que ó bom e agradável a seus olhos. [2]Pois diz em alguma parte : "O Espírito do Senhor é uma lanterna que penetra até aos compartimentos do coração[118]. [3]Consideremos quanto está próximo[119], e que nada do que pensamos, nada do que calculamos lhe permanece oculto. [4]Justo, pois, que não desertemos[120] de sua vontade. [5]Prefiramos chocar a homens tolos e insensatos, exaltados e enfatuados na

---

116. Cf. Hb 13,21. A doxologia final leva a pensar que todo o capítulo reproduza hino litúrgico, apesar das alusões frequentes a crenças e concepções estoicas. É certo, porém, que a ordem e a harmonia das forças cósmicas contrastam violentamente com a subversão e intranquilidade reinantes na comunidade de Corinto. Filólogos e historiadores encontraram aqui rica mina para suas elucubrações; talvez chegue a hora de nossos pastoralistas descobrirem o sabor moderno de tão antigas iniciativas.

117. Cf. Fl 1,27.

118. Pr 20,27.

119. Cf. Sl 33,19. A doutrina da proximidade de Deus, também aceita pelo estoicismo, voltará no capítulo 27,3.

120. O termo é da linguagem militar (cf. 28,2; 37,1; 45,7; 46,5).

arrogância de seus discursos, do que a Deus. ⁶Reverenciemos o Senhor Jesus, cujo sangue foi derramado por nós; respeitemos nossos chefes; honremos os anciãos[121]; eduquemos os jovens no temor de Deus[122]; conduzamos nossas mulheres para o bem. ⁷Manifestem elas o atrativo na pureza, a intenção pura na suavidade; pelo silêncio tornem patente a moderação de seu linguajar, o amor não dependa das inclinações, mas que se pratique santamente e de modo igual em relação a todos os que temem a Deus[123]. ⁸Nossos filhos participem da educação em Cristo; aprendam quanto pode a humildade junto a Deus, quanto consegue junto a Deus o amor puro, como o temor dele é bom e excelso e salva a todos os que nele vivem santamente em pura intenção. ⁹Pois é Ele que perscruta nossos pensamentos e desejos[124]; o sopro dele é que está em nós; e há de retirá-lo quando quiser[125].

22. ¹A fé em Cristo garante todas essas coisas: pois é Ele mesmo quem pelo Espírito Santo assim nos convida: Vinde filhos, escutai-me, hei de ensinar-vos o temor do Senhor. ²Quem é o homem que quer vida, que aprecia ver dias bons? ³Guarda tua língua do mal e teus lábios

---

121. Cf. 1Tm 5,17.1s.
122. Cf. Sl 33,12; Pr 15,33; Ecl 1,27; Ef 6,4.
123. Cf. 1Tm 2,9-15; 3,11; 1Pd 3,1-4.
124. Cf. Hb 4,12.
125. Cf. Gn 2,7; Sl 103,29; Pr 24,12.

de falar traição. ⁴Afasta-te do mal e faze o bem. ⁵Procura a paz e persegue-a. ⁶Os olhos do Senhor estão voltados para os justos e os ouvidos dele para as suas súplicas; mas a face do Senhor se volta contra os que praticam o mal, para destruir da terra a memória deles[126]. ⁷Clamou o justo e o Senhor o atendeu e de todas as tribulações o livrou. ⁸Muitos são os flagelos do pecador, enquanto que a misericórdia cercará os que no Senhor esperam[127].

23. ¹O Pai todo misericordioso e benévolo tem entranhas para os que temem a Ele e distribui benigna e amorosamente suas graças aos que a Ele se achegam com coração simples. ²Não hesitemos por isso, nem tampouco se enfatue nossa alma por causa de seus dons magníficos e ricos. ³Jamais se aplique a nós a passagem da Escritura em que se diz: Infelizes os de coração hesitante e alma desconfiada[128], aqueles que dizem: Tais promessas já ouvimos no tempo de nossos pais e eis que envelhecemos e nada disso nos aconteceu. ⁴Ó estultos, comparai-vos a uma árvore! Reparai na videira: primeiro, perde as folhas, então é que brota, em seguida vem a folha, então a flor, e, depois disso, a uva verde seguida da uva madura. Considerai como em pouco tempo o fruto da árvore chega à maturação. ⁵É bem assim que a

---

126. Sl 33,12-18.
127. Sl 31,10; 33,12-18.
128. Cf. Tg 1,8; 4,8.

vontade de Deus se cumpre em ritmo acelerado e inesperado, como já a Escritura no-lo atesta: "Virá logo e não tardará; subitamente o Senhor entrará em seu Santuário, o Santo a quem esperais"[129].

24. [1]Observemos, amados, como o Senhor não cessa de dar-nos provas contínuas de que a ressurreição futura se realizará; dela nos deu as primícias ressuscitando a Jesus Cristo dos mortos[130]. [2]Vejamos, amados, como se desenrola a ressurreição a seu tempo. [3]O dia e a noite nos manifestam a ressurreição: dorme a noite, ressuscita o dia; o dia se retira, chega a noite. [4]Exemplifiquemos com os frutos da terra: como e de que modo se faz a sementeira? [5]Saiu o semeador[131] e espalhou pela terra lavrada semente por semente: umas caindo secas e nuas, na terra, aí se desfizeram: então desta decomposição, a providência grandiosa do Senhor as ressuscita. De uma, aumentam para muitas e produzem fruto[132].

---

129. Is 14,1; Ml 3,1; cf. Hab 2,3; Hb 10,37.
130. Cf. At 2,24; Rm 4,24; 1Cor 15,15.20-23; Gl 1,1; Cl 1,18; 2,12; 1Pd 1,21. Os próximos três capítulos constituem apresentação pedagógica da verdade fundamental do cristianismo – a Ressurreição. A partir dela, toda a vida recebe o seu sentido, e, todas as crises, esperança de solução. Não admira, pois, que Clemente procure relacionar ressurreição sempre com a crise da comunidade de Corinto. Um homem culto como Clemente procurará as "sementes da verdade revelada" no mundo biológico e mesmo nas lendas populares, mas acaba por insistir nos termos da Sagrada Escritura (cap. 26).
131. Mt 13,3; Mc 4,3; Lc 8,5.
132. Cf. Jo 12,24; 1Cor 15,35-38.

25. ¹Consideremos o sinal prodigioso que se dá nas terras orientais, isto é, nas regiões em torno da Arábia. ²Pois existe um pássaro, chamado fênix[133]; é único na espécie e vive quinhentos anos. Quando então já está para dissolver-se na morte, faz para si sua própria sepultura[134] de incenso, mirra e demais plantas aromáticas e, completado o tempo, aí se introduz e morre. ³De sua carne em decomposição nasce uma larva, que se alimenta com a matéria em putrefação do animal morto e cria asas: depois de tornar-se forte, levanta aquela sepultura, onde se acham os restos de seu ancestral, carregando a este, voa da terra da Arábia até a cidade do Egito que se chama Heliópolis. ⁴E em plena luz do dia, aos olhos de todos, transporta-se até ao altar do sol, depõe aí aqueles restos e retoma o voo de volta. ⁵Os sacerdotes então examinam os calendários e verificam que ele acabou por chegar depois de preencher os quinhentos anos.

26. ¹Havemos então de considerar grandioso e estranho o fato de o Criador operar a ressurreição de

---

133. O mito do pássaro fênix, assumido da literatura antiga, aparece aqui a primeira vez no cristianismo. (Cf. Pompônio Mela, *De situ orbis* III 8, 10, e Plínio o Antigo, *História Natural* X, 2. Ambos os autores são do primeiro século, portanto, quase contemporâneos a São Clemente). Mais tarde as pinturas das catacumbas e os mosaicos reproduzirão frequentemente o mesmo símbolo da ressurreição.

134. Sepultura e ninho são sinônimos em grego, fato que aumenta o paralelismo intencionado pelo autor. Cf. Sl 27,7 (texto grego); 87,11. A citação do Antigo Testamento não é literal.

todos aqueles que lhe serviram santamente na confiança de uma fé boa, se Ele ilustra até por um pássaro a grandeza de sua promessa? ²Pois lê-se em alguma parte: "Hás de ressuscitar-me e eu te louvarei"[135]. E: "Deitei- me e adormeci"[136]; "levantei-me, porque tu estás comigo"[137]. ³E Jó adverte de novo: "Ressuscitarás minha carne que suportou todo esse sofrimento"[138].

27. ¹Que nossas almas se prendam, pois, por uma esperança assim àquele que é fiel em suas promessas[139] e justo em seus juízos. ²O que proibiu de mentir, tanto menos há de mentir ele próprio, pois nada junto a Deus é impossível, a não ser mentir[140]. ³Que se acenda, pois, novamente a fé nele dentro de nós, e reconheçamos que todas as coisas estão próximas a Ele. ⁴Com uma palavra de sua grandeza estabeleceu o todo, e com uma palavra pode destruí-lo. ⁵Quem diria a Ele: "Que fizeste?", e quem resistiria à força de seu poder[141]? Fará tudo quando e como quiser; nem uma só das coisas que ordenou há de passar[142]. ⁶Tudo está presente a seus olhos e nada

---

135. Cf. Sl 27,7 (texto grego).
136. Sl 3,6.
137. Sl 22,4.
138. Jó 19,26.
139. Cf. Sl 144,13; Hb 10,23; 11,11.
140. Cf. Hb 6,18.
141. Sb 11,22; 12,12.
142. Cf. Mt 5,18; 24,35.

escapa à sua determinação. ⁷Pois os céus anunciam a glória de Deus, e o firmamento anuncia a obra de suas mãos. O dia comunica ao dia a façanha, e a noite transmite à noite o conhecimento dela. Não há palavras nem discursos em que se não escutem suas vozes[143].

28. ¹Uma vez que vê tudo e tudo ouve, temamos a Ele e abandonemos os maus desejos das ações torpes, para nos pouparmos por sua piedade dos juízos futuros. ²Para onde mesmo poderia alguém de nós fugir de sua mão forte? Que mundo receberia aquele que desertasse dele? Pois diz em algum lugar a Escritura: ³Para onde fugirei e onde me esconderei de tua face? Se subir ao céu, lá estás; se me vou até às extremidades da terra, lá está a tua direita; se me lanço nos abismos lá está o teu espírito[144]. ⁴Para onde, pois, poderia alguém ir, para onde escapar daquele que tudo envolve?

29. ¹Aproximemo-nos, pois, dele com alma santa, levantando mãos puras[145] e imaculadas a Ele, amando o nosso Pai bondoso e misericordioso, o qual nos admitiu como herdeiros. ²Pois assim está escrito: "Quando o Altíssimo distribuiu a herança aos povos, na hora de disseminar os filhos de Adão, estabeleceu territórios para

---

143. Sl 18,2-4.
144. Sl 138,7-10.
145. A contemplação de Deus é algo superior à poesia. Clemente, já por diversas vezes, fez alusão a ela (cf. 9,1; todo o cap. 20 e 27).

os povos segundo a multidão dos anjos de Deus. Tornou-se herança do Senhor o povo de Jacó e sua partilha foi Israel[146]. ³E em outra parte se diz: Eis que o Senhor toma para si um povo do meio dos povos, assim como um homem toma as primícias de sua eira e deste povo há de proceder o santo dos santos[147].

30. ¹Uma vez que formamos a porção santa, façamos tudo o que leva à santificação[148]; fujamos da maledicência, abraços impuros e impudicos, bebedeiras e a novidade das modas, cobiças abomináveis, adultério odioso e soberba hedionda[149]. ²Pois Deus, como se lê, resiste aos soberbos, dá porém graça aos humildes[150]. ³Unamo-nos, pois, àqueles a quem Deus dá a graça: revistamo-nos da concórdia, sejamos humildes continentes, mantendo-nos distante de toda murmuração e calúnia, justificando-nos antes por obras que por palavras. ⁴Pois assim se diz: Quem muito fala terá resposta. Que homem, sendo loquaz, imaginaria que por isso já fosse justo[151]? ⁵Feliz o homem, nascido de mulher, que vive

---

146. Dt 32,8-9.
147. Nm 18,27; Dt 4,34; 14,2; 2Par 31,14; Ez 48,12.
148. Cf. 1Pd 1,15s.
149. O catálogo de vícios será repetido no cap. 35,5, mas não corresponde ao de São Paulo Rm 1,28-32. Convém no entanto anotar que a catequese primitiva já apresentava semelhantes enumerações.
150. Pr 3,34; Tg 4,6; 1Pd 5,5.
151. Jó 11,2-3.

pouco. Não te tornes pródigo em palavras. ⁶Nosso louvor venha de Deus e não de nós[152]. Deus odeia o que se louva a si mesmo. ⁷O testemunho de nossa boa ação seja dado por outros, como também aconteceu aos nossos pais que foram justos. ⁸A arrogância, a presunção, a audácia assentam naqueles que foram malditos por Deus; a discrição, a humildade e a mansidão moram junto aos que foram abençoados por Deus.

31. ¹Aspiremos, pois, à bênção dele e vejamos quais os caminhos para a bênção. Retomemos os acontecimentos desde o início. ²Por que foi abençoado nosso pai Abraão? Não teria sido, porque praticou a justiça e a verdade pela fé?[153] ³Isaque, conhecendo o porvir, cheio de confiança, deixou-se levar alegremente ao sacrifício[154]. ⁴Jacó abandonou humildemente a terra, por causa de seu irmão, e partiu para junto de Labão, e aí viveu como servo, sendo-lhe dado os doze cetros de Israel[155].

32. ¹Se alguém refletir sobre cada uma dessas coisas com sinceridade, reconhecerá a magnificência dos dons de Deus a Jacó. ²É dele[156] que procederão os sacerdotes e levitas todos, que servirão ao altar de Deus; dele,

---

152. Cf. Rm 2,29; 1Cor 4,5.
153. Gn 12,2s.; 18,18; cf. Rm 4,1-3; Gl 3,6-9.14; Tg 2,21ss.
154. Gn 22,7ss.
155. Gn 28s.
156. De Jacó.

o Senhor Jesus, segundo a carne[157]; dele, através de Judas, os reis, príncipes e chefes[158]. Por sua vez, os demais cetros de Jacó também gozarão de não pouca honra, já que Deus anunciou: "Tua descendência será numerosa como as estrelas do céu"[159]. ³Todos assim chegaram à glória e grandeza, não por si mesmos ou por suas obras ou pela justiça que teriam praticado, mas por vontade dele. ⁴Assim igualmente nós, que fomos chamados pela vontade dele em Cristo Jesus, não nos justificamos por nós próprios nem por nossa sabedoria[160] ou inteligência, pela piedade ou obras que tivéssemos praticado na santidade de coração, mas através da fé[161], pela qual o Deus todo-poderoso a todos justificou desde sempre: a Ele, a glória pelos séculos dos séculos. Amém[162].

33. ¹Que faremos, pois, irmãos? Renunciaríamos à prática do bem e desertaríamos do amor? Não permita o Senhor jamais que isso se dê conosco. Havemos de esforçar-nos antes por cumprir toda a obra boa[163] com disponibilidade entusiástica. ²Pois o próprio Criador e Senhor

---

157. Rm 9,4s.
158. Cf. Gn 49,10.
159. Gn 15,5; 22,17; 26,4.
160. Cf. Is 29,14; 1Cor 1,19.
161. Cf. Rm 3,28.30; Gl 2,16; 3,8; Ef 2,8s.; 2Tm 1,9; Tt 3,5ss. São Clemente, em outros textos, como também no contexto deste capítulo, não deixará de valorizar as obras junto com a fé.
162. Cf. Rm 11,36; 16,27.
163. 2Cor 9,8; Cl 1,10; 1Tm 5,10; 2Tm 2,21; 3,17; Tt 1,16; 3,1.

de tudo se regozija com suas obras. ³Foi Ele que firmou os céus com poder soberano e os ornamentou com sabedoria inesgotável. Separou ainda a terra da água que a cerca e a assentou sobre a firmeza de sua própria vontade; aos animais que a povoam chamou por sua ordem à existência; ao mar e aos seres que no mar vivem Ele os fez e os encerrou aí com seu poder. ⁴Além de tudo isso, plasmou Ele com mãos santas e puras a mais excelente, a maior de suas obras, o homem, imprimindo-lhe os traços de sua própria imagem[164]. ⁵Pois foi assim que falou Deus: "Façamos o homem à nossa imagem e semelhança. E criou Deus o homem, varão e mulher os criou"[165]. ⁶Quando enfim havia terminado todas essas suas obras, achou-as boas, abençoou-as e disse: Crescei e multiplicai-vos[166]. ⁷Reparemos: os justos todos se exornaram de boas obras e o próprio Senhor teve prazer em ornar-se com obras boas. ⁸Uma vez que possuímos tal exemplo[167], procuremos submeter-nos sem tardar à sua vontade: com todas as forças, pratiquemos as obras da justiça[168].

---

164. Há quem interprete o texto como alusivo a Cristo, segundo a imagem do qual o homem foi feito. Nesse caso deveríamos traduzir a frase "plasmou o homem como reprodução de sua imagem" (cf. 2Cor 4,4; Cl 1,15).

165. Gn 1,26ss.

166. Gn 1,22.28.

167. Cf. 1Pd 2,21.

168. Também este capítulo revelaria influências judaico-helênicas. A nosso ver, no entanto, trata-se antes de uma forma litúrgica e homilética de apresentar o primeiro capítulo do Gênesis.

34. ¹O bom operário aceita sem inibição o pão que ganhou com seu trabalho; o preguiçoso e negligente[169] foge ao olhar de seu senhor. ²É, pois, necessário que estejamos dispostos para as boas obras: pois é dele que tudo deriva[170]. ³Efetivamente assim nos preveniu: "Eis o Senhor! Sua recompensa está diante dele, para retribuir a cada qual segundo a sua obra[171]! ⁴Exorta-nos, pois, a confiarmos de todo coração nele e não sermos nem preguiçosos, nem indolentes para nenhuma obra boa[172]. ⁵Nossa glória e nossa segurança estão nele[173]; submetamo-nos à sua vontade; pensemos no grande número de seus anjos, como estão prontos para servirem à sua vontade. ⁶Pois diz a Escritura: "Milhares e milhares estavam diante dele e centenas de milhares o serviam e clamavam: Santo, santo, santo, o Senhor dos exércitos, cheia está toda a criação de sua glória"[174]. ⁷Também nós, reunidos em harmonia[175], com a mesma finalidade, conscientes de nosso dever, clamamos a Ele

---

169. Ecl 4,29.
170. Rm 11,36; 1Cor 8,6.
171. Sl 61,13; Pr 24,12; Is 40,10; 62,11; Mt 16,27; Ap 22,12; cf. Sl 27,4; Jr 17,10; Rm 2,6; Ap 2,23.
172. 2Cor 9,8; Cl 1,10; 1Tm 5,10; 2Tm 2,21; 3,17; Tt 1,16; 3 1.
173. Cf. 1Rs 2,10; Jr 9,22s.; Rm 2,17; 4,2; 5,11; 1Cor 1,31; 2Cor 10,17.
174. Is 6,3; Dn 7,10; cf. Ap 4,8; 5,11.
175. Cf. At 1,15; 2,1; 1Cor 11,20; 14,23.

sem nos cansarmos, em uníssono, para nos tornarmos participantes das grandes e magníficas promessas dele. ⁸Pois diz ele: "Olho algum viu e ouvido algum escutou e em coração humano algum penetrou o que de grande Deus preparou aos que confiam nele"[176].

35. ¹Como são ricos e admiráveis os presentes de Deus, meus amados! ²Vida em imortalidade, esplendor em justiça, verdade em liberdade, fé em confiança, continência em santidade! E tudo isso chegou ao nosso conhecimento. ³O que, pois, não há de estar preparado para os que nele esperam? O Criador e Pai dos séculos, o Santíssimo mesmo conhece a grandeza e beleza de seus dons. ⁴Lutemos consequentemente, para sermos contados entre o número dos que nele esperam, para nos tornarmos partícipes de seus dons prometidos[177]. ⁵Como porém há de dar-se isso, amados? Fixando nossa mente com confiança em Deus, procurando o que lhe é muito agradável e aceito, cumprindo o que convém à sua santa vontade, seguindo pelo caminho da verdade[178], afastando de nós toda a injustiça e maldade, ambição, dissensões, malignidade e dolos, murmurações e difamações, inimizade de Deus, soberba e jatância, vaidade e falta de hospitalidade. ⁶Os que praticam tais

---

176. Is 64,4; 1Cor 2,9.
177. Cf. Tg 1,12.
178. Cf. 2Pd 2,2.

obras incorrem no ódio de Deus, não só os que as praticam, mas também os que as aprovam[179]. ⁷Diz efetivamente a Escritura: "Ao pecador porém disse Deus: Para que fim, explicas tu os meus mandamentos e te pronuncias sobre a minha aliança? ⁸Detestaste a disciplina e deixaste para trás minhas palavras. Na hora em que vias um ladrão corrias com ele e entravas em combinação com os adúlteros. Tua boca tu a enchias de malícia e tua língua urdia enganos. Calmamente, difamavas o teu irmão e entregavas ao escândalo o filho de tua mãe. ⁹Era o que fazias, enquanto eu me calava; supunhas, ímpio, que sou semelhante a ti. ¹⁰Hei de confundir e obrigar-te a ver-te de frente. ¹¹Compreendei afinal estas coisas, vós que esqueceis a Deus, para que não vos arrebate como um leão e já não se encontre quem vos liberte[180]. ¹²Um sacrifício de louvor me há de glorificar, e aí está o caminho no qual lhe mostrarei a salvação de Deus[181].

36. ¹É este o caminho[182], amados irmãos, no qual encontramos a nossa salvação[183], Jesus Cristo, o sumo sacerdote de nossas oferendas, o protetor e auxílio em

---

179. Cf. Rm 1,28-32.
180. Cf. Sl 7,3.
181. Sl 49,16-23.
182. Estamos lembrados do valor do termo "caminho" na antiguidade judeu-cristã (cf. *Didaqué* 1,1).
183. Cf. Is 40,5; Lc 2,30; 3,6; At 28,28.

nossa fraqueza[184]. ²Por Ele, olhamos para o alto dos céus; através dele descobrimos a face imaculada e soberana de Deus[185]; através dele abriram-se os olhos de nosso coração[186]; através dele nossa inteligência obtusa e obscurecida[187] se abre ao encontro da luz[188]; através dele o Senhor quis que saboreássemos do conhecimento[189] imortal: "Ele, sendo o esplendor de sua grandeza, é tanto maior que os anjos quanto recebeu em herança um nome superior ao deles"[190]. ³Pois assim é que está escrito: "O que fez os ventos serem seus anjos e as chamas de fogo seus servos"[191]. ⁴A respeito de seu filho assim falou o Senhor: "Meu filho és tu, eu hoje te gerei: pede-me e eu te darei as nações como herança e os confins da terra como possessão"[192]. ⁵E outra vez lhe diz: "Senta-te a mi-

---

184. Cf. Rm 8,26; Hb 2,17s.; 3,1; 4,14s. Além da alusão aos textos sagrados, talvez descubramos aqui outras reminiscências litúrgicas. Apresentando Jesus Cristo como Chefe e logo depois (cap. 37) como Chefe do Corpo Místico, São Clemente fará dele a fonte da vida eclesial e a solução para a crise da comunidade de Corinto.

185. Cf. 2Cor 3,18.

186. Ef 1,18.

187. Cf. Rm 1,21; Ef 4,18.

188. Cf. 1Pd 2,9.

189. Os antigos valorizavam muito a gnose – o conhecimento. São Clemente aproveita a oportunidade para indicar qual o verdadeiro conhecimento, que deverá vir através de Jesus.

190. Hb 1,3s.

191. Sl 103,4; Hb 1,7.

192. Sl 2,7-8; At 13,33; Hb 1,5.

nha direita, até que ponha teus inimigos para escabelo de teus pés"[193]. Quem seriam então esses inimigos? Os maus e os que se opõem à vontade dele.

37. [1]Militemos, pois, irmãos, com todo entusiasmo sob suas ordens indiscutíveis[194]. [2]Reparemos nos soldados alistados sob as bandeiras de nossos imperadores, como cumprem as ordens com disciplina, prontidão e submissão. [3]Nem todos são comandantes, nem todos tribunos, nem centuriões, nem prepostos a cinquenta e assim por diante, mas cada qual em seu próprio posto[195] cumpre as ordens dadas pelo chefe supremo e demais autoridades. [4]Os grandes não podem sem os pequenos, nem os pequenos sem os grandes. Em tudo, existe alguma mistura e nela está a vantagem. [5]Exemplifiquemos com o nosso corpo: a cabeça sem os pés não é nada; nem tampouco os pés sem a cabeça. Até os mínimos membros do corpo são necessários e úteis ao corpo todo. Antes, todos conspiram e atuam em submissão unânime para salvarem o corpo todo[196].

---

193. Sl 109,1; Hb 1,13.
194. A vida cristã como serviço militar é ideia paulina (cf. 2Cor 10,3s.; Ef 6,10-17; 1Tm 1,18; 2Tm 2,3s.). No entanto, São Paulo e São Clemente reassumiam doutrina filosófica e admoestações do culto dos mistérios, segundo as quais na vida humana devem existir chefes, hierarquia e disciplina, como fatores de unidade. Exatamente o que falta na comunidade de Corinto.
195. 1Cor 15,23.
196. Cf. 1Cor 12,12-26.

38. ¹Que se conserve, pois, inteiro o corpo que formamos em Cristo Jesus[197], e cada qual se submeta a seu próximo[198], conforme o carisma que lhe foi dado[199]. ²O forte cuide do fraco, o fraco por sua vez respeite o forte; o rico preste serviços ao pobre, e o pobre por sua vez renda graças a Deus, que lhe deu o tanto para suprir a sua falta[200]; o sábio manifeste sua sabedoria não em palavras, mas em boas obras[201]; o humilde não dê testemunho de si mesmo, mas permita que outro o dê em favor dele; o casto em sua carne não se ensoberbeça, pois sabe que é outro quem lhe dá a continência. ³Afinal, irmãos, analisemos de que matéria fomos feitos, como e quem fomos ao entrarmos no mundo, de que túmulo e escuridão nosso plasmador e criador nos tirou[202] para nos introduzir em seu mundo, Ele que preparou para nós todos os seus dons antes que nascêssemos. ⁴Já que temos tudo isso dele, devemos dar-lhe graças por tudo. A Ele a glória pelos séculos. Amém[203].

---

197. Corpo de Jesus = Igreja (cf. 1Cor 12,27; Rm 12,4s.; 1Cor 10,16s.; Cl 1,24; 2,19; Ef 4,15). Cf. tb. a consequência que São Clemente tira desta comparação no capítulo 46,7.
198. Cf. Ef 5,21; 1Pd 5,5.
199. Cf. Rm 12,6ss.; 1Cor 7,7; 1Pd 4,10.
200. Cf. 1Cor 16,17; 2Cor 9,12; 11,9; Cl 1,24; Fl 2,30.
201. Cf. Tg 3,13.
202. Cf. Sl 138,15.
203. Cf. Rm 11,36; 16,27; Hb 13,21.

39. ¹Néscios e insensatos, gente louca e inculta, zombam e se mofam de nós, querendo dar importância às suas ideias. ²Que é que pode um mortal, qual a força de alguém que nasceu da terra? ³Pois está escrito: "Não havia forma a meus olhos; percebi apenas um hálito e uma voz que dizia: ⁴Como? Haveria de ser puro um mortal diante do Senhor ou irrepreensível um homem por causa de suas obras? Se nem Deus pode confiar em seus servos e se junto a seus anjos encontrou algo de errado? ⁵Nem o céu é puro diante dele[204]. Como então o seriam os hóspedes dos ranchos de barro, aos quais pertencemos, sendo nós do mesmo barro? Esmagou-os como verme. Entre a manhã e a noite deixam de existir; pereceram, porque não podiam ajudar-se a si próprios. ⁶Soprou sobre eles e morreram, por não possuírem sabedoria. ⁷Grita então! Talvez alguém te escute ou chegues a ver algum dos santos anjos. De fato, a cólera consome o tolo e o ciúme mata o que se extraviou. ⁸Tenho de fato visto que alguns tolos deitam raízes, mas cedo se consumiu seu alimento. ⁹Que seus filhos se mantenham distantes da salvação; que sejam desprezados às portas dos humildes e não se encontre quem os livre. O que para eles estava preparado será comida dos justos, enquanto eles não encontrarão saída para seus males"[205].

---

204. Jó 15,15.
205. Jó 4,16-5,5.

40. ¹Sendo evidentes todas essas coisas e tendo nós sondado as profundezas do conhecimento de Deus[206], temos que realizar segundo a ordem tudo quanto o Senhor nos mandou cumprir nos tempos determinados: ²Mandou-nos oferecer os sacrifícios e realizar o culto[207], não ao acaso ou sem ordem, mas em tempos e horas marcadas[208]. ³Onde e por que ministros hão de ser feitos foi Ele quem o fixou por sua decisão altíssima, para que tudo se fizesse santamente e assim fosse aceito por sua vontade. ⁴Os que por conseguinte fazem as suas oferendas em tempos determinados são-lhe agradáveis e abençoados, pois seguem as determinações do Senhor e não pecam. ⁵Pois ao sumo sacerdote foram confiadas funções particulares e aos sacerdotes um lugar próprio,

---

206. Cf. Rm 11,33; 1Cor 2,10.

207. É a primeira vez que ocorre o termo liturgia na literatura cristã, a não ser que a Didaqué (c. 15,1), que o menciona duas vezes, seja-lhe anterior. O sentido, no entanto, é claro: o termo derivado de *lait* (do povo) e *ergia* (ação) caracteriza, na era cristã, o serviço oficial e religioso do Povo de Deus, que se volta para Ele e para os homens.

208. Deus determinou por leis como e quando o homem lhe devia prestar culto. As normas do culto foram levadas a um requinte de minúcias entre os essênios, contemporâneos a Cristo, conforme atestam os documentos de Qumrã. Mesmo assim, a era primitiva cristã sempre observou a distribuição das horas e a necessária regulamentação dos atos litúrgicos. Os movimentos monásticos, sobretudo dos séculos 4º até o 6º, voltaram a exigências semelhantes às dos ascetas essênios.

aos levitas serviços determinados; o leigo[209] está ligado pelas ordenações destinadas aos leigos.

41. [1]Cada qual de nós, irmãos, agrade em seu posto[210] a Deus, vivendo em consciência boa, não transgredindo a regra de seu ofício, com toda a dignidade. [2]Nem por toda parte, irmãos, são oferecidos sacrifícios perpétuos ou votivos, de expiação e remissão, mas só em Jerusalém. E mesmo lá, não se oferece em todo lugar, mas só em frente ao santuário sobre o altar, depois que a oferenda foi atenciosamente examinada pelo sumo sacerdote e seus auxiliares acima mencionados[211]. [3]Os que praticam algo contra o que agrada a sua vontade recebem como castigo a morte[212]. [4]Vede, irmãos, quanto maior o conhecimento com que somos distinguidos, tanto maior o perigo a que estamos expostos[213].

---

209. O termo "leigo", aqui empregado pela primeira vez na língua grega, já significa o homem que pertence a Deus, e não é nem sacerdote nem levita. Apesar do sentido pejorativo e antirreligioso, que por vezes se lhe atribuiu na História, esta mesma noção será continuamente revalorizada, como acaba de acontecer no Concílio Vaticano II (*Lumen Gentium*, cap. IV).

210. Cf. 1Cor 15,23.

211. Sobre os sacrifícios diários e as diversas espécies de sacrifícios cf. Ex 29,38-42; Lv 4,3ss.; 9,2ss.; 14,13-17.24-28; Nm 6,13ss.

212. Cf. Lv 17; Dt 13,10s.

213. Os capítulos anteriores analisam a ordem que Deus estabeleceu em favor do pastoreio de seu Povo no Antigo Testamento. A última frase faz a transição para o que se dá na Nova Aliança. Estamos no cerne do tratado e diante de uma argumentação teológica de primeira importância.

42. ¹Os apóstolos receberam a Boa-nova em nosso favor da parte do Senhor Jesus Cristo. Ele foi enviado por Deus. ²Cristo, portanto, vem de Deus e os apóstolos de Cristo; esta dupla missão realizou-se, pois, em perfeita ordem por vontade de Deus. ³Munidos assim de instruções e plenamente assegurados pela ressurreição de Nosso Senhor Jesus Cristo, confiados na Palavra de Deus, saíram a evangelizar na plenitude do Espírito Santo a próxima vinda do Reino de Deus. ⁴Assim proclamando a palavra no interior e nas cidades, estabeleciam suas primícias[214], como bispos e diáconos, dos futuros fiéis, depois de prová-los pelo Espírito[215]. ⁵E não era inovação: há séculos já a Escritura falava de bispos e diáconos. Pois é assim que se lê em algum lugar: "Quero estabelecer os bispos deles na justiça e os seus diáconos na fé"[216].

---

214. Cf. Rm 16,5; 1Cr 16,15. Estabelece São Clemente neste capítulo o direito e o dever missionário, mas igualmente a transmissão dos encargos hierárquicos. Duas ideias parecem merecer especial atenção: 1º) De Deus para Jesus e de Jesus para os apóstolos tudo realizou-se "com ordem" (v. 2). 2º) Por ordem de Jesus foram os apóstolos estabelecendo pela Palavra as novas comunidades, e dentro delas escolheram homens provados para serem bispos e diáconos. Esta última determinação deve realizar-se na mesma ordem que a primeira, uma vez que ela vem de Deus. A participação da comunidade que é, sem dúvida, um enriquecimento, será também uma fonte de mal-entendidos, como acontece em Corinto. São Clemente estabelece, pois, as linhas mestras para o reconhecimento de uma hierarquia.

215. Cf. At 6,3; 14,23; 1Tm 1,16; 3,10; 2Tm 2,2; Tt 1,5s.

216. Is 60,17. Como de outras vezes, São Clemente adapta o texto onde se lê "e porei no teu governo a paz e nos teus magistrados a justiça" e nele, portanto, já no Antigo Testamento, descobre o episcopado e a diaconia. Cf. sobre as funções de bispo e diáconos Fl 1,1; 1Tm 3,1-13.

43. ¹Por que estranhar que os apóstolos, a quem Cristo confiou da parte de Deus tal obra, tenham instituído os acima mencionados? Pois até o bem-aventurado e "fiel servo em toda casa"[217], Moisés, assinalou tudo o que lhe fora ordenado nos santos livros. Seguiram-no os demais profetas, ajuntando o seu testemunho às leis por ele instituídas. ²No momento de irromper o ciúme a respeito do sacerdócio e de se disputarem as tribos, qual delas é que deveria ornar-se com esse título glorioso, ordenou ele aos doze chefes de tribo que lhe trouxessem bastões com o nome de cada tribo neles gravada. Tomando tais bastões, atou-os, assinalou-os com os anéis dos chefes e depositou-os na tenda do testemunho sobre a mesa de Deus. ³Fechou então a tenda, selou as chaves da mesma forma que os bastões. ⁴Falou-lhes então: "Irmãos, a tribo, cujo bastão brotar, a esta escolheu Deus para o sacerdócio e seu culto". ⁵Ao amanhecer, reuniu todo Israel, os seiscentos mil homens, mostrou aos chefes os selos, abriu a tenda do testemunho e retirou os bastões. E aconteceu que o bastão de Aarão não só germinara, mas produzira fruto[218]. ⁸Que lhes parece, irmãos? Não sabia Moisés de antemão que isso iria

---

217. Nm 12,7; Hb 3,2.5.
218. Nm 17,16-26. A alusão ao texto sagrado é evidente, mas descobrem-se aqui traços que foram assumidos de outras tradições judaicas. Cf. por exemplo Filo, *Vita Moysis* II (III) 21, 175-180; Flávio Josefo, *Antiqu*. IV, 4, 2.

suceder? Sabia-o sem dúvida. Mas para que não se desse a revolta em Israel, agiu assim, e fosse glorificado o nome do Deus verdadeiro e único[219]. A Ele a glória pelos séculos dos séculos. Amém[220].

44. [1]Também os nossos apóstolos sabiam, por Nosso Senhor Jesus Cristo, que haveria contestações a respeito da dignidade episcopal[221]. [2]Por tal motivo e como tivessem perfeito conhecimento do porvir, estabeleceram os acima mencionados e deram, além disso, instruções no sentido de que, após a morte deles, outros homens comprovados lhes sucedessem em seu ministério[222]. [3]Os que assim foram instituídos por eles, ou mais tarde por outros homens eminentes com a aprovação de toda a Igreja, e serviram de modo irrepreensível ao rebanho de Cristo com humildade, pacífica e abnegadamente, recebendo por longo tempo e da parte de todos o testemunho favorável, não é justo em nossa opinião que esses sejam depostos de seu ministério. [4]E não será pequena a nossa falta, se depusermos do episcopado aos

---

219. Cf. Jo 17,3.
220. Cf. Rm 11,36; 16,27; Hb 13,21.
221. Cf. 1Tm 3,1.
222. Não só para a liturgia, mas também para a estrutura indispensável da Igreja, estabeleciam os apóstolos não apenas os ministros que os sucedessem, mas também a regra de sucessão para todo o futuro Pelo v. seguinte, percebemos que os sucessores dos apóstolos, chamados "homens eminentes", recebiam o sufrágio de toda a Igreja e não podiam ser afastados do ministério sem falta contra a justiça.

que ofereceram, de maneira irrepreensível e santa[223], os sacrifícios[224]. ⁵Felizes os presbíteros que nos precederam na caminhada e tiveram um fim carregado de frutos e de perfeição. Não têm a temer que alguém os remova do lugar para eles preparado[225]. ⁸Pois vemos que vós afastastes a alguns de boa conduta de um ministério que eles honraram de modo inatacável.

45. ¹Porfiai, irmãos, cheios de zelo, pelas coisas que levam à salvação. ²Vós vos aprofundastes nas Sagradas Escrituras, nas autênticas, naquelas que nos vêm do Espírito Santo. ³Sabeis que elas não contêm nenhuma injustiça nem falsificação. Lá não encontrareis que homens justos foram depostos por homens santos. ⁴Justos foram perseguidos, mas por pecadores; foram encarcerados, mas por ímpios; foram apedrejados, mas por transgressores da lei; foram assassinados, por homens cheios de abominável e criminoso ciúme. ⁵Tais sofrimentos eles os suportam com glória. ⁶Que diríamos pois, irmãos? Foi Daniel lançado para a cova por homens tementes a Deus?[226] ⁷Ou Ananias, Azarias e Misael, foram eles lançados para a fornalha ardente por

---

223. Cf. 1Ts 2,10.
224. Sacrifícios de oração (cf. cap. 52,3s.; Hb 13,15), mas sobretudo a Eucaristia, como depreendemos de todas as cartas de Santo Inácio.
225. Percebe-se a fina ironia do autor contra os que tentaram depor presbíteros em Corinto.
226. Cf. Dn 6,15-18.

homens que praticavam excelso e glorioso do Altíssimo? De modo algum! Quem foram então os que praticaram tais coisas?[227] Indivíduos odiosos, cheios de toda maldade, se exasperaram em tal fúria, que lançaram à tortura aqueles que serviam a Deus em santa e irrepreensível intenção, não se lembrando que o Altíssimo é defensor e escudo para os que servem em consciência pura[228] a seu Nome Santíssimo. A Ele a glória pelos séculos dos séculos. Amém[229]. [8]Os que porém perseveraram na paciência, receberam em herança glória e honra, foram exaltados e inscritos por Deus no livro[230] de memória dele, por todos os séculos dos séculos. Amém.

46. [1]A tais exemplos temos que apegar-nos irmãos. [2]Pois está escrito: Apegai-vos aos santos, porque os que a eles se apegam serão santificados[231]. [3]E novamente, em outra parte, se diz: Junto ao homem puro serás puro, junto ao eleito serás eleito e junto ao perverso serás perverso[232]. [4]Apeguemo-nos, pois, aos puros e justos: são esses os eleitos de Deus. [5]Por que existem entre vós

---

227. Cf. Dn 3,19ss.
228. Cf. 1Tm 3,9; 2Tm 1,3.
229. Cf. Rm 11,36; 16,27; Hb 13,21.
230. Cf. Sl 68,29; Lc 10,20; Fl 4,3; Hb 12,23; Ap 3,5.
231. Texto de origem desconhecida, aliás muito semelhante ao do verso seguinte.
232. Sl 17,26-27.

disputas, ódio, contendas, cismas[233] e guerra?[234] ⁶Por acaso não temos um só Deus, um só Cristo, um só Espírito[235] da graça derramado sobre nós, e uma só vocação em Cristo? ⁷Por que separamos e despedaçamos os membros de Cristo, revoltamo-nos contra o próprio corpo, e chegamos a uma demência tal, que nos esquecemos sermos membros uns dos outros?[236] Lembrai-vos das palavras de Nosso Senhor Jesus. ⁸Pois disse Ele: Ai daquele homem: melhor lhe fora, não houvesse nascido[237], que escandalizar a um dos meus eleitos. Mais lhe valeria passar a mó em seu pescoço e afundá-lo no mar, do que perverter ele a um dos meus eleitos[238]. ⁹Vosso cisma a muitos perverteu; lançou a muitos no desânimo; a muitos na dúvida; a nós todos na tristeza. E vossa revolta se prolonga.

47. ¹Tornai a ler a Epístola do Bem-aventurado Paulo Apóstolo. ²Que é que vos escreveu primeiro, no início do Evangelho?[239] ³Na verdade, estava ele inspi-

---

233. Cisma significa, já no grego clássico, ruptura, cisão. São Clemente fala quatro vezes de cisma (2,6; 46,5-9; 49,5; 54,2) e sempre num sentido assaz forte, como desta vez. Mais tarde o termo exprimirá ruptura total com a Igreja Católica.

234. Cf. 1Cor 1,10; Tg 4,1.

235. Cf. Mt 28,19; 1Cor 12,4ss.; 2Cor 13,13.

236. Cf Rm 12,4s.; 1Cor 6,15; 8,6; 12,12s.27; Ef 4,4ss.; 5,30.

237. Cf. Mc 14,21; Lc 22,22.

238. Mt 18,6s.; 26,24; Lc 17,1-2; cf. Mc 9,42; Lc 18,6-7.

239. Fl 4,15. Evangelho, em sentido lato, como sinônimo da mensagem de Cristo (1Cor 15,1; cf. a respeito 2Pd 3,15).

rado pelo Espírito[240], quando vos comunicou normas sobre si próprio, sobre Cefas e Apolo, porque já então formáveis partidos[241]. ⁴Mas o partidarismo de então importava num pecado menor para vós: pois vos agrupáveis em torno de apóstolos autorizados e de um homem aprovado por eles. ⁵Nesta hora, porém, refleti, quem são os que vos perverteram e como enfraqueceram o renome de vossa caridade, por toda a parte celebrada. ⁶Uma vergonha, meus amigos, uma vergonha muito grande e indigna de uma conduta em Cristo, ouvir-se que a Igreja dos coríntios, tão inabalável e antiga, se rebele contra os presbíteros por causa de uma ou duas pessoas. ⁷E tal rumor não se alastrou apenas até nós, mas também atingiu os que alimentam outras convicções que nós[242], a ponto de se proferirem blasfêmias ao nome do Senhor[243], por causa de vossa insensatez, e de se armar perigo para vós próprios.

48. ¹Arranquemos, pois, o mais depressa esse mal, lancemo-nos aos pés do Senhor e peçamos-lhe entre lágrimas que de nós se compadeça, reconcilie-se conosco e nos traga de volta a uma prática santa e pura de nossa fraternidade. ²Pois é esta a porta da justiça, aberta para

---

240. Cf. 1Cor 2,4.10.12-15.
241. Cf. 1Cor 1,10ss.
242. Entenda-se: judeus e pagãos.
243. Cf. Is 52,5; Rm 2,24; 1Tm 6,1; Tt 2,5.

a vida, como está escrito: "Abri-me as portas da justiça; por elas quero entrar e louvar o Senhor. ³É esta a porta do Senhor; por ela entrarão os justos"[244]. ⁴Entre as muitas portas abertas, a porta da justiça é a porta de Cristo[245]. Felizes todos os que entram por ela e dirigem seus passos na santidade e justiça[246], cumprindo todas as coisas imperturbavelmente. ⁵Que alguém tenha fé, que seja capaz de expor o conhecimento, que seja sábio em discernir[247] discursos, que seja santo em suas ações. ⁶Quanto maior parecer, tanto mais lhe importa ser humilde[248] e procurar o proveito de todos e não o próprio[249].

49. ¹Quem possui a caridade em Cristo[250] cumpra os mandamentos de Cristo[251]. ²O vínculo da caridade[252] de Deus, quem poderia descrevê-lo? ³Quem seria capaz de exprimir a magnificência de sua beleza? ⁴A altura a que nos leva o amor é inexprimível. ⁵O amor nos une a Deus, o amor cobre a multidão dos pecados[253],

---

244. Sl 117,10-20.
245. Cf. Mt 7,13s.; Jo 10,7.9.
246. Lc 1,75.
247. Cf. 1Cor 12,8ss.
248. Cf. Mt 18,4.
249. Cf. 1Cor 10,24.33; 13,5; 14,26.
250. Cf. 2Tm 1,13.
251. Cf. Jo 14,15.21.23; 15,10; 1Jo 5,1-3.
252. Cf. Cl 3,14.
253. Pr 10,12: Tg 5,20; 1Pd 4,8; cf. Sl 84,3.

o amor tudo suporta, o amor é em tudo magnânimo; nada há de mesquinho na caridade, nada de soberbo. A caridade não conhece cisma, a caridade não se revolta, a caridade tudo realiza em harmonia[254]; na caridade todos os eleitos de Deus chegaram à perfeição[255]. Sem caridade, não há nada que agrade a Deus[256]. ⁶Na caridade nos acolheu o Senhor. Pela caridade que teve para conosco, Nosso Senhor Jesus Cristo deu o sangue dele por nós, segundo a vontade de Deus, sua carne por nossa carne, sua alma por nossas almas[257].

50. ¹Vede, amigos, como é grande e admirável a caridade, e como não há comentário possível de sua perfeição. ²Quem seria capaz de chegar até ela, a não ser aqueles a quem Deus tornar dignos? Peçamos por conseguinte e supliquemos de sua misericórdia, vivermos na caridade sem parcialidade humana, irrepreensíveis. ³As gerações todas desde Adão, até o dia de hoje, passaram. Mas os que foram perfeitos no amor segundo a graça de Deus tomaram posse da terra dos santos; hão de manifestar-se, quando estiver à vista o Reino de

---

254. Cf. 1Cor 13,4-7; Ef 4,2.
255. Cf. Cl 3,14; 1Jo 2,5; 4,18.
256. Cf. 1Cor 13,1-3.
257. Cf. Jo 3,16; 6,51; 15,12s.; Gl 1,4; 2,20; Ef 1,3-9; 1Jo 4,9s. O capítulo 49, hino à caridade, encontra o seu modelo no capítulo 13 da 1Cor, mas, apesar disso, é bem clementino, porque situa em seu cerne o elogio da harmonia e concórdia, tema favorito de nosso autor.

Cristo. ⁴Pois está escrito: Entrai para os aposentos só por um instante, até que passe minha ira e meu furor e me lembrarei do dia favorável e hei de ressuscitar-vos de vossos túmulos[258]. ⁵Somos felizes, amigos, quando cumprimos os mandamentos de Deus na harmonia da caridade, para nos serem perdoados os pecados pela caridade. ⁶Pois diz a Escritura: "Felizes aqueles a quem foram perdoadas as iniquidades e encobertos os pecados. Feliz o homem a quem Deus não imputa pecado e em cuja boca não se encontra fraude"[259]. ⁷Esta bem-aventurança[260] diz respeito aos que foram escolhidos por Deus através de Nosso Senhor Jesus Cristo, a quem se dê a glória pelos séculos dos séculos. Amém[261].

51. ¹De nossas quedas e faltas ocasionadas pelas instigações do inimigo[262], peçamos perdão. Mas também aqueles que se arvoraram em chefes da revolta e da cisão devem considerar nossa comum esperança. ²Pois os que vivem no temor e na caridade preferem ver-se a si próprios atormentados do que ao próximo; preferem receber censura, do que ver censurada a concórdia que nos foi legada numa tradição tão bela e tão santa. ³Mais

---

258. Is 26,20; Ez 37,12.
259. Sl 31,1-2; Rm 4,7-9.
260. Cf. Rm 4,9.
261. Cf. Hb 13,21.
262. Cf. 1Tm 5,14; 2Ts 2,4.

vale ao homem confessar publicamente suas faltas[263] do que endurecer o coração, como se endureceu o coração dos que se revoltaram contra o servo de Deus Moisés[264] e que foram castigados de maneira tão patente[265]. [4]Pois desceram vivos para o inferno e a morte os apascentará[266]. [5]Faraó, seu exército e todos os chefes do Egito, os carros e os que neles estavam embarcados não foram por outro motivo lançados ao Mar Vermelho. Aí pereceram, porque endureceram seus corações[267] insensatos, após os sinais e milagres realizados no Egito[268] pelo servo de Deus Moisés[269].

52. [1]Irmãos, de nada em absoluto necessita o Senhor; de ninguém nada precisa, a não ser que o confessem. [2]Pois diz Davi, o eleito: "Hei de exaltar o Senhor e isso lhe agradará mais do que um novilho que ostente

---

263. Veja a mesma exortação na Didaqué (4,14). Clemente insistirá na recomendação, logo abaixo em 52,1. O termo grego *exomologeistai* não exprime apenas o reconhecimento público da falta, mas "um retorno a obediência a Deus e o reconhecimento dos direitos dele. Daí o fato de quase confundir-se com louvor" (POSCHMANN, B. *Paenitentia secunda*. Bonn, 1940, p. 117). É o sentido que Santo Agostinho deu à sua obra intitulada *Confissões*.
264. Cf. Nm 12,7; Sl 94,8; Hb 3,5.8.15; 4,7.
265. Cf. Nm 16.
266. Nm 16,30.33; Sl 48,15.
267. Cf. Rm 1,21.
268. Ex 7,3; At 7,36.
269. Cf. Ex 14,23-28; Nm 12,7; Hb 3,5.

cornos e patas: que o vejam os pobres²⁷⁰ e rejubilem²⁷¹!" ³E novamente: "Oferece a Deus um sacrifício de louvor e cumpre teus votos ao Altíssimo; invoca-me no dia da tua tribulação, eu te livrarei e tu me renderás glória²⁷². ⁴Porque sacrifício para Deus é um espírito humilhado"²⁷³.

53. ¹Conheceis, e conheceis bem, as Sagradas Escrituras, caríssimos, e vos aprofundastes nos oráculos de Deus. É, pois, unicamente para recordar-vos, que isto escrevemos. ²Quando Moisés subiu a montanha e aí passou quarenta dias e quarenta noites em jejum²⁷⁴ e humildade, Deus lhe falou: "Desce depressa daqui, porque teu povo pecou, pecaram aqueles que conduziste para fora do Egito; afastaram-se logo do caminho que lhes prescreveste e fizeram para si ídolos de metal²⁷⁵. ³E o Senhor ainda acrescentou: Eu te disse uma vez e novamente o digo: Vi este povo, e, repara, é dura sua cerviz. Deixa-me exterminá-los, apagarei o nome deles debaixo do céu, e farei de ti uma nação grande e admirável, mais numerosa que esta²⁷⁶. ⁴Respondeu-lhe então

---

270. Pobres, em se tratando de conversão, são os pecadores, necessitados da penitência.
271. Sl 68,31-33.
272. Sl 49,14-15.
273. Sl 50,19.
274. Cf. Ex 34,28; Dt 9,9.
275. Dt 9,12; cf. Ex 32,7-8.
276. Ex 32,10.31-32; Dt 9,13-14.

Moisés: Não façaś isso, Senhor! Perdoa o pecado a este povo, ou me tira a mim do livro dos vivos". ⁵Ó grande caridade, ó perfeição insuperável! O servo fala com liberdade ao Senhor, exige perdão para a multidão ou implora que seja extinguido junto com eles[277].

54. ¹Quem dentre vós for nobre, compassivo, cheio de caridade, ²diga: se é por minha causa que há revolta, discórdia e cisma, eu me retiro, parto para onde quiserdes[278] e faço o que for proposto pela comunidade; contanto somente que o rebanho de Cristo viva em paz com os presbíteros constituídos. ³Quem assim agir há de adquirir grande glória em Cristo e em toda parte será recebido, "pois do Senhor é a terra e sua plenitude"[279]. ⁴Isso fizeram e fazem os que andam pelo caminho de Deus que não deixa remorsos.

---

277. Se Moisés, que não era culpado, solidarizou-se com o povo no castigo, quanto mais os perturbadores de Corinto deverão aceitar o castigo que lhes irá ser proposto para que a comunidade reencontre a concórdia?

278. São Clemente não propõe apenas o exílio dos agitadores como solução para os distúrbios da comunidade de Corinto, mas chega a sugerir que aceitem o lugar indicado por esta mesma comunidade, para aí se exilarem. A medida poderia parecer extremada. No entanto, a ética estoica e também o cosmopolitismo de uma cidade como Corinto diminui-lhe o impacto (cf. Sêneca, Ep. 82,10; Epicteto, Diss. I 4, 23s.). Daqui a pouco ainda o autor apresentará modelos antigos e talvez a comunidade chegue a entender que o cristão é sempre peregrino, é sempre um exilado.

279. Sl 23,1.

55. ¹Mas para tomarmos também exemplos dentre os gentios: muitos reis e príncipes, ao surgir alguma peste se entregaram por inspiração de algum oráculo a si próprios à morte[280], para salvarem pelo seu sangue os cidadãos; muitos se retiraram de suas cidades para que a sedição não se estendesse[281]. ²Conhecemos a muitos dentre os nossos[282] que se entregaram a si mesmos às cadeias, para resgatarem a outros; muitos se entregaram à escravidão e com o dinheiro assim recebido, sustentaram os demais. ³Muitas mulheres, fortalecidas pela graça de Deus, realizaram numerosas obras viris[283]. ⁴Judite bem-aventurada, durante o cerco da cidade pediu dos presbíteros a permissão de sair para o acampamento dos estrangeiros. ⁵Expondo-se ao perigo saiu por amor à Pátria e ao povo cercado. E o Senhor entregou Holofernes na mão de uma mulher[284]. ⁶Ester, perfeita na fé, expôs a si própria a um perigo não menor, para salvar as doze tribos de Israel da iminência da morte. Pelo jejum e a humilhação[285] suplicou ao Senhor onividente, Deus dos

---

280. Para só lembrarmos exemplos das circunvizinhanças de Corinto, veja o caso de Codro de Atenas e Leônicas de Esparta.

281. Cf. Sólon, Legislador de Atenas, o Rei Licurgo de Esparta, P. Cipião Africano.

282. Isto é, cristãos de Roma. Cf. tb. cap. 6,1.

283. É o caso sobretudo de Judite e Ester. Mas veja também o que Clemente havia dito a respeito das mulheres no cap. 6,2.

284. Cf. Jt 8,13.

285. Cf. Est 4,16.

séculos. Este vendo a humildade de sua alma, salvou o povo, em favor de quem ela se expusera ao perigo[286].

56. [1]Supliquemos, pois, também nós pelos que vivem em pecado: recebam doçura e humildade, para não cederem a nós, mas à vontade de Deus[287]. Assim se tornará frutífera e perfeita a lembrança misericordiosa que deles tivemos diante de Deus e dos santos[288]. [2]Aceitemos a correção fraterna, a qual, muito amados, ninguém deve levar a mal. A exortação que nos damos uns aos outros é boa e sobremaneira útil. Une-nos ela à vontade de Deus. [3]Pois é assim que reza a Escritura Santa: "Castigou e tornou a castigar-me o Senhor, e não me entregou à morte[289]. [4]A quem o Senhor ama, castiga e açoita a todo aquele que toma como filho[290]. [5]Há de

---

286. Cf. Est 7s.

287. Cf. 1Cor 7,10.

288. Não se pensará certamente numa invocação ou intercessão dos santos, porque disto há apenas memória a partir do IV século. No entanto, os mártires foram desde logo considerados perfeitos imitadores de Cristo, e de alguma sorte portanto mediadores. Durante e após a perseguição de Décio, até os mártires que sobreviviam, costumavam dar libelos de perdão a traidores. Embora este fato se dê um século depois, sabemos do poder de intercessão dos santos mártires, e talvez não nos vejamos obrigados a pensar aqui em anjos, como creem alguns autores, uma vez que até os santos, ainda vivos, têm o direito de intercessão (cf. Rm 12,13; 1Cor 6,1s.; 16,1; Rm 1,9; Ef 1,16; 1Ts 1,2; 2Tm 1,3; Fm 4).

289. Sl 117,18.

290. Pr 3,12; Hb 12,6; Ap 3,19.

castigar-me, continua o texto, como justo em misericórdia e há de corrigir-me; enquanto isso, óleo algum de pecadores unja a minha cabeça[291]. ⁶E novamente fala: Feliz o homem que o Senhor corrigiu. Não recuses a repreensão do Todo-poderoso! Pois Ele faz sofrer e novamente restabelece. ⁷Bateu, e suas mãos curaram. ⁸Seis vezes há de arrancar-te às dificuldades; na sétima, o mal não te atingirá. ⁹Na fome te preservará da morte; na guerra, do fio da espada. ¹⁰Ele te colocará ao abrigo do açoite da língua, e não temerás males vindouros. ¹¹Hás de rir-te dos injustos e maus, não temerás animais selvagens. ¹²Até animais selvagens viverão em paz contigo. ¹³Hás de ver então que tua casa gozará de paz e não faltará comida em tua tenda. ¹⁴Hás de ver que tua descendência será grande e os teus filhos, como a erva miúda do campo. ¹⁵Hás de descer ao túmulo como trigo amadurecido, colhido na hora certa, ou como a meda de feno da eira enfeixada no dia aprazado"[292]. ¹⁶Vedes, caríssimos, quão grande a proteção para os que aceitam os corretivos do Senhor; pois nos corrige como bom pai, para encontrarmos misericórdia por sua santa correção.

57. ¹Vós, pois, que destes origem à revolta submetei-vos aos presbíteros[293] e deixai-vos corrigir até a conversão, dobrando os joelhos de vossos corações.

---

291. Sl 140,5.
292. Jó 5,17-26.
293. Cf. 1Pd 5,5.

²Aprendei a submeter-vos, depondo a arrogante e orgulhosa jatância de vossa língua: pois é melhor para vós encontrar-vos no rebanho de Cristo, como pequenos e escolhidos, do que serdes superestimados, mas excluídos de sua esperança. ³Pois é assim que se exprime a santíssima sabedoria: "Eis que hei de anunciar-vos a palavra de meu espírito; e vos darei a conhecer o meu discurso. ⁴Uma vez que chamei e não escutastes; prolonguei-me e não destes atenção, antes negligenciastes meus conselhos e fizestes pouco caso de minhas admoestações, por isso também eu hei de rir-me de vossa perda, hei de zombar na hora em que vier vossa ruína e quando se abater sobre vós de repente o tumulto, a catástrofe semelhante a uma tempestade, ou quando vos visitar a tribulação e angústia. ⁵Então se dará o caso de me invocardes. Eu porém não vos escutarei. Pecadores irão à minha procura e não me encontrarão. Pois odiaram a sabedoria, não estimaram acima de tudo o temor do Senhor, não quiseram dar atenção aos meus conselhos, mofaram de minhas admoestações. ⁶Por isso comerão os frutos de seus erros e ficarão saciados de sua própria impiedade. ⁷Serão mortos em troca do mal que infligiram aos humildes; o julgamento há de aniquilar os ímpios. Aquele, porém, que me escuta habitará sua tenda, confiado na esperança, e viverá em paz sem recear mal algum"[294].

---

294. Pr 1,23-33; Ecl 4,16.

58. ¹Obedeçamos, pois, a seu Nome todo santo e glorioso; fujamos das ameaças que a sabedoria dirige contra os insubmissos, para que possamos estabelecer nossa tenda confiados no Nome santíssimo de sua majestade. ²Aceitai nosso conselho e não vos arrependereis! Pois Deus é vivo, e vivo também o Senhor Jesus Cristo e o Espírito Santo[295], vivas são a fé e a esperança dos eleitos no sentido de aqueles que praticarem na humildade, com mansidão perseverante e sem hesitação, os mandamentos e preceitos de Deus, serem arrolados e se enfileirarem no número dos que serão salvos por Jesus Cristo, pelo qual se lhe rende glória pelos séculos dos séculos. Amém[296].

59. ¹Se porém alguns não obedecerem ao que por nós foi dito saibam que se envolverão em pecado e perigo não pequeno. ²Nós porém seremos inocentes deste pecado e pediremos em súplica e oração instante[297] que

---

295. Dentro de uma terminologia sobre Deus do Antigo Testamento, aparece a fórmula trinitária cristã, com muita espontaneidade. Mas talvez nos encontremos novamente diante de doxologia litúrgica. Cf. o Amém final.

296. Cf. Rm 11,36; 16,27; Hb 13,21.

297. É aqui que se inicia a mais antiga Oração dos Fiéis de toda a História. Ela se inspira evidentemente em modelos judaicos, mas traz igualmente acentos bem helênicos. É possível que não reproduza literalmente alguma oração da liturgia e que Clemente lhe tenha acrescentado alguns dados que revelam aliás seu feitio, seu estilo. É certo no entanto que estamos diante de uma das formulações mais elevadas de toda a literatura antiga cristã.

o Criador de tudo queira conservar intacto o número dos que foram contados entre os escolhidos dele em todo mundo, por seu Filho muito amado Nosso Senhor Jesus Cristo[298], pelo qual nos chamou das trevas para a luz, da ignorância para o conhecimento da glória de seu nome[299]. ³Ensinou-nos Ele a esperar em teu nome, princípio de toda criatura. Tu que nos abriste os olhos do coração para te conhecermos, ao único Altíssimo nas alturas, santo que repousa entre santos[300]:

Tu que rebaixas o orgulho dos soberbos[301],

Que desfazes os cálculos das nações[302],

Que exaltas os humildes e humilhas os que se exaltam[303],

Que distribuis a riqueza e a pobreza[304],

Que fazes morrer e levas à vida[305],

Que és o único benfeitor dos espíritos e Deus de toda carne[306],

---

298. Cf. Mt 12,18; At 3,13.26; 4,27.30.
299. Is 42,16; At 26,18; 1Pd 2,9.
300. Is 57,15; Ef 1,18.
301. Is 13,11.
302. Sl 32,10.
303. Jó 5,11; cf. Mt 23,12.
304. 1Rs 2,7.
305. Dt 32,39; cf. 1Rs 2,6; 4Rs 5,7.
306. Nm 16,22; 27,16; cf. Hb 12,9.

Que perscrutas os abismos[307] e controlas as obras dos homens,

Que és socorro nos perigos e Salvador no desespero[308],

Criador e bispo[309] de todo espírito,

Tu que multiplicas as raças sobre a terra[310],

E dentre todas escolhes os que te amam, por Jesus Cristo, teu Filho amado, pelo qual nos ensinaste, santificaste e glorificaste[311]. ⁴Mestre, nós te pedimos, torna-te nosso socorro e nosso protetor[312].

Salva entre nós os oprimidos.

Levanta os caídos[313].

Mostra-te aos que rezam.

Cura os fracos[314].

Aos que erram dentre teu povo leva ao bom caminho.

---

307. Dn 3,55.

308. Jt 9,11 (texto grego).

309. A palavra *episcopos* = bispo, é termo corrente, tanto na linguagem civil quanto eclesiástica, e quer dizer inspetor, supervisor e responsável. Jó (10,12), Sabedoria (1,6) aplicam o mesmo termo a Deus, exatamente como São Clemente nesta passagem.

310. Cf. Jó 10,12; Is 57,16; Am 4,13; Zac 12,1.

311. Cf. Jo 12,26; 17,17; 1Cor 1,2; Tt 2,11s.; 1Pd 2,6s.

312. Jt 9,11 (texto grego); Sl 118,114.

313. Cf. Sl 144,14.

314. Cf. Ez 34,4.16.

Sacia os que têm fome.

Liberta os nossos presos.

Levanta os fracos.

Consola os pusilânimes.

Conheçam-te todos os povos,

Porque Tu és o Deus único[315]

E Jesus Cristo é teu Filho[316]

E nós o teu povo e ovelhas de teu rebanho[317].

60. ¹Pois Tu fizeste aparecer a harmonia eterna do cosmos, através das forças que nele operam;

Tu, Senhor, criaste a terra habitada[318],

Tu te manténs fiel por todas as gerações[319],

Justo nos julgamentos[320],

Admirável no poder e na majestade[321],

Sábio ao criar e providente em sustentar o criado[322],

Bom nos dons visíveis[323],

---

315. 3Rs 8,60; 4Rs 19,19; Ez 36,23.
316. Cf. Jo 17,3.
317. Sl 78,13; 94,7; 99,3.
318. Cf. Sl 88,12s.
319. Cf. Dt 7,9.
320. Cf. Tb 3,2; Sl 118,137.
321. Cf. Ecl 43,29s.
322. Cf. Sl 103; 146,5.
323. Cf. Sl 72,1; 117,1-3; Mc 10,18.

Benigno para com os que em ti confiam[324],

Misericordioso e compassivo[325],

Perdoas nossas iniquidades,

Pecados, faltas e negligências.

²Não leves em conta todo pecado de teus servos e servas.

Antes purifica-nos, com a purificação de tua verdade[326].

Dirige nossos passos[327], para andarmos na santidade do coração[328].

E para realizarmos o que é bom e agradável aos teus olhos[329]

E aos olhos dos que nos governam[330].

³Sim, Mestre, mostra-nos tua face[331] para o bem na paz,

Para nos protegeres com tua mão forte

E nos preservares de todo pecado por teu braço excelso[332],

E nos livrares de quantos nos odeiam sem motivo[333].

---

324. Cf. Sl 24,8; 99,5; 1Pd 2,3.
325. 2Cr 30,9; Jl 2,13; cf. Sl 85,15.
326. Cf. Nm 14,18; Jo 17,17.
327. Sl 39,3; 118,133.
328. 3Rs 9,4.
329. Cf. Dt 12,25.28; 13,18; 21,9.
330. Cf. Rm 13,1-7; Tt 3,1; 1Pd 2,13-17.
331. Ex 6,1; Nm 6,25s.; Sl 30,17; 66,2; 79,4.8.20; 118,135; 135,12; Jr 21,10; 24,6; Ez 20,33s.; Am 9,4.
332. Dt 4,34; 5,15; 7,19; 9,26.
333. Cf. Sl 17,18; 37,20; 105,10; Lc 1,71.

⁴Concede-nos harmonia e paz,

A nós e a todos os habitantes da terra,

Assim como as concedestes a nossos pais

Quando te invocaram santamente na fé e verdade[334].

Torna-nos submissos a teu nome todo-poderoso e todo santo

E aos que nos governam e dirigem sobre a terra[335].

61. ¹Tu, Senhor, lhes deste o poder da autoridade

Por tua força magnífica e inefável,

Para que soubéssemos que por ti lhes foi dada a glória e honra, e a eles nos submetêssemos

Em nada contrariando a tua vontade.

Dai-lhes, pois, Senhor, saúde, paz, concórdia, estabilidade,

A fim de exercerem sem tropeços a soberania que lhes confiaste[336].

²Pois tu, Senhor dos céus, Rei dos Séculos[337],

---

334. Sl 144,18; 1Tm 2,7.

335. Apesar das perseguições, tremendamente violentas como a de Nero (ano de 64) e a de Domiciano (de 92), os cristãos rezam pelo governo atitude que sempre surpreendeu favoravelmente os não cristãos.

336. A "Roma aeterna" será uma constante até os tempos de São Jerônimo e Santo Agostinho, no início do século V e mesmo muito além. O patriotismo cristão, apesar do horror ao serviço militar e consequentemente à matança da guerra, diversas vezes manifestado, é irreprimível em todos os autores (cf. RAHNER, H. *Kirche und Staat im frühen Christentum*, Munique: Kösel-Verlag, 1960).

337. Tb 13,7; 1Tm 1,17; Ap 15,3.

Dás aos filhos dos homens glória, honra e poder
Sobre o que existe na terra.

Tu, Senhor, dirige sua vontade
No sentido do que é bom e agradável a teus olhos[338] em tua presença,

A fim de que exerçam a autoridade que lhes deste na paz e mansidão,

E obtenham tua graça!

⁴Só tu podes realizar esses bens
E outros ainda maiores entre nós.

A ti exaltamos

Pelo, Sumo sacerdote[339] e protetor de nossas almas[340], Jesus Cristo.

Por Ele te seja dada glória e magnificência,

Agora e de geração em geração

E pelos séculos dos séculos. Amém[341].

64. ¹Escrevemo-vos o suficiente[342], amados irmãos, a respeito das disposições mais acertadas para

---

338. Dt 12,25.28; 13,18; 21,9.
339. Cf. Hb 2,17; 3,1; 4,14s.
340. Cf. 1Pd 2,25.
341. Cf. Rm 11,36; 16,27; Hb 13,21.
342. Os quatro últimos capítulos constituem a forma clássica de conclusão de carta. O capítulo 62 resumirá a argumentação teológica, enquanto o capítulo 63 relembra a solução pastoral.

nossa religião, como também a respeito da atitude mais favorável para as pessoas que querem levar uma vida santa na piedade e justiça. ²Tocamos todos os aspectos que dizem respeito à fé, penitência, verdadeira caridade, continência, prudência e paciência, recordando que vos é necessário agradar santamente ao Deus poderoso em justiça, verdade e generosidade, mantendo a concórdia pelo esquecimento da injúria, no amor e na paz, com modéstia constante, como também nossos pais que mencionamos lhe agradaram, mantendo-se humildes na conduta para com o Pai, Deus e Criador, e para com todos os homens. ³Tivemos tanto mais gosto em recordá-lo quanto mais sabíamos estar escrevendo a homens de fé e de consideração, que se aprofundaram nas máximas do ensinamento de Deus.

63. ¹É, pois, acertado que nos orientemos por tais e tão grandes exemplos, curvemos nossa cerviz e ocupemos o lugar da obediência, para acalmarmos a vã sedição e alcançarmos com lisura a meta[343] proposta dentro da verdade. ²Haveis de proporcionar-nos alegria e prazer, se vos submeterdes ao que vos escrevemos pelo Espírito Santo e cortardes pela raiz a vossa ira nascida do ciúme, conforme o pedido que nesta carta vos fazemos sobre a paz e a concórdia. ³Enviamo-vos homens de confiança e prudentes que, desde a juventude até a

---

343. Cf. Fl 3,14.

idade mais avançada, tiveram conduta irrepreensível entre nós. Servirão de testemunhas[344] entre vós e nós[345]. ⁴Assim agimos, para que saibais que toda a nossa preocupação ia, e vai, no sentido de que se restabeleça de imediato a paz entre vós[346].

64. ¹No mais, que Deus onividente, Senhor dos Espíritos e dono de toda carne[347], que escolheu o Senhor Jesus Cristo e a nós por Ele[348] para seu povo especial[349], conceda a toda alma que tiver invocado o seu nome magnífico e santo: fé, temor, paz, paciência e generosidade, continência, pureza e prudência, para agradar ao nome dele pelo Sumo sacerdote e nosso chefe Jesus Cristo[350], pelo qual lhe seja dada glória, majestade, poder e honra, agora e por todos os séculos dos séculos. Amém[351].

---

344. A palavra grega é "mártir", mas o sentido ainda será o clássico: testemunha.

345. Cf. Gn 31,44.

346. São Clemente, ao enviar seus delegados, está agindo como chefe que exige execução de suas ordens, e não apenas como pastor que dá conselhos. Os delegados hão de cuidar que as propostas sejam acatadas e a ordem restabelecida.

347. Nm 16,22; 27,16; cf. Hb 12,9; Ap 22,6.

348. Cf. 1Cor 8,6.

349. Ex 19,5; Dt 7,6; 14,2; 26,18; Sl 134,4; Ef 1,4; Tt 2,14.

350. Hb 2,17; 3,1; 4,14.

351. Cf. Rm 11,36; 16,27; Hb 13,21. Todo capítulo apresenta novamente sabor litúrgico.

65. ¹Aos nossos enviados Cláudio Efebo e Valério Bito, junto com Fortunato, enviai-os depressa de volta na paz e com alegria, para que nos possam tão logo trazer notícias[352] sobre a harmonia e a paz, pelas quais tanto rezamos e suplicamos, e assim mais depressa nos alegremos da boa ordem entre vós. ²A graça de Nosso Senhor Jesus Cristo esteja convosco e com todos os eleitos de Deus, através dele por toda parte. Por Jesus, seja dada a Deus glória, honra, poder e majestade, o trono eterno, desde todos os séculos e para todos os séculos dos séculos. Amém[353].

---

352. Cf. 1Cor 16,11.
353. Cf. Rm 11,36; 16,27; Hb 13,21. Alguns manuscritos antigos terminam pela assinatura: "Primeira Epístola de Clemente aos Coríntios".

Índices

Índice escriturístico

Antigo Testamento

Gênesis
1,9: 20,6
1,22: 33,6
1,26ss.: 33,5
1,28: 33,6
2,7: 21,9
2,23: 6,3
4,3-8: 4,6
5,24: 9,3
6,8s.: 9,4
7,1: 9,4
8,18s.: 9,4
12,1-3: 10,3
12,2s.: 31,2
13,14-16: 10,5
15,5: 32,2
15,5-6: 10,6
18: 10,7
18,18: 31,2
18,27: 17,2
21,1-7: 10,7
22,1-19: 10,7
22,17: 32,2
26,4: 32,2
27,4 1ss.: 4,8
28s.: 31,4
31,44: 63,3
37: 4,9
49,10: 32,2

Êxodo
2,14: 4,10
3,11: 17,5
4,10: 17,5
6,1: 60,3
7,3: 51,5
14,23-28: 51,5
19,5: 64,1
32,7-8: 53,2
32,10: 53,3
32,31-32: 53,3
34,28: 53,2

Levítico
17: 41,3

Números
6,25s.: 60,3
12: 4,11
12,7: 4,12
12,7: 17,5
12,7: 43,1
12,7: 51,3
12,7: 51,5
14,18: 60,2
16: 4,12
16: 51,3
16,22: 59,3
16,22: 64,1
16,30: 51,4
16,33: 51,4
17,16-26: 43,5
18,27: 29,3
27,16: 59,3
27,16: 64,1

Deuteronômio
4,34 : 29,3
4,34: 60,3
5,15: 60,3
7,6: 64,1
7,9: 60,1
7,19: 60,3
9,9: 53,2
9,12: 53,2
9,13-14: 53,3
9,26: 60,3
12,25: 60,2
12,25: 61,2
12,28: 60,2
12,28: 61,2
13,10s.: 41,3
13,18: 60,2
13,18: 61,2
14,2: 29,3
14,2: 64,1
21,9: 60,2
21,9: 61,2
26,18: 64,1
32,8-9: 29,2
32,15: 3,1
32,39: 59,3

Josué
2: 12,1
2,1-6: 12,4
2,3: 12,3
2,9-13: 12,4
2,14: 12,5

1º Reis
2,6: 59,3
2,7: 59,3
2,10: 34,5
13,14: 18,1

3º Reis
8,60: 59,4
9,4: 60,2

4º Reis
5,7: 59,3
19,19: 59,4

2º Paralipômenos
30,9: 60,1
31,14: 29,3

Tobias
3,2: 60,1
13,7: 61,2

Judite
2: Prólogo
8,13: 55,5
9,11 (texto grego): 59,3
9,11 (texto grego): 59,4

Ester
4,16: 55,6
7s.: 55,6

Jó
1,1: 17,3
4,16-5,5: 39,9

5,9: 20,5
5,11: 59,3
5,17-26: 56,15
9,10: 20,5
10,12: 59,3
11,2-3: 30,4
14,4-5: 17,4
15,15: 39,5
19,26: 26,3
28,25: 20,10
38,10s.: 20,6
38,11: 20,7

Salmos
2,7-8: 36,4
3,6: 26,2
7,3: 35,11
11,4-6: 15,7
17,18: 60,3
17,26-27: 46,3
18,2-4: 27,7
21,7-9: 16,16
22,4: 26,2
23,1: 54,3
24,8: 60,1
27,4: 34,3
27,7 (texto grego): 26,2
30,17: 60,3
30,19: 15,5
31,1-2: 50,6
31,10: 22,8
32,10: 59,3
33,12: 21,6

33,12-18: 22,6
33,12-18: 22,8
33,19: 21,3
36,9: 14,4
36,35-37: 14,5
36,38: 14,4
37,20: 60,3
39,3: 60,2
48,15: 51,4
49,14-15: 52,3
49,16-23: 35,12
50,3-19: 18,17
50,19: 52,4
61,5: 15,3
61,13: 34,3
66,2: 60,3
68,29: 45,8
68,31-33: 52,2
72,1: 60,1
77,36-37: 15,4
78,13: 59,4
79,4: 60,3
79,8: 60,3
79,20: 60,3
84,3: 49,5
85,15: 60,1
88,12s.: 60,1
88,21: 18,1
94,7: 59,4
94,8: 51,3
99,3: 59,4
99,5: 60,1
103: 60,1

103,4: 36,3
103,29: 21,9
105,10: 60,3
109,1: 36,5
117,1-3: 60,1
117,18: 56,3
117,19-20: 48,3
118,114: 59,4
118,133: 60,2
118,135 : 60,3
118,137: 60,1
132,1: 7,3
134,4: 64,1
135,12: 60,3
138,7-10: 28,3
138,15: 38,3
140,5: 56,5
144,13: 27,1
144,14: 59,4
144,18: 60,4
146,5: 60,1

Provérbios
1,23-33: 57,7
2,21-22: 14,4
3,12: 56,4
3,34: 30,2
7,3: 2,8
10,12: 49,5
15,33: 21,6
20,27: 21,2
22,20 : 2,8
24,12: 21,9
24,12: 34,3

Sabedoria
2,24: 3,4
11,22: 27,5
12,10: 7,5
12,12: 27,5

Eclesiástico
1,27: 21,6
4,16: 57,7
4,29: 34,1
43,29s.: 60,1

Isaías
1,16-20: 8,4
3,5: 3,2
6,3: 34,6
13,11: 59,3
14,1: 23,5
26,20: 50,4
29,13: 15,2
29,14: 32,4
40,5: 36,1
40,10: 34,3
41,8: 10,1
42,16: 59,2
50,3: 8,3
52,5: 47,7
53,1-12: 16,14
54,8: 18,1
57,15: 59,3
57,16: 59,3
59,14: 3,9
60,17: 42,5
62,11: 34,3

64,4: 34,8
66,2: 13,4

Jeremias
9,22s.: 34,5
9,23-24: 13,1
17,10: 34,3
21,10: 60,3
24,6: 60,3
24,7: 8,3

Ezequiel
20,33s.: 60,3
33,11: 8,2
33,11ss.: 8,3

34,4: 59,4
34,16: 59,4
36,23: 59,4
37,12: 50,4
48,12: 29,3

Daniel
3,19ss.: 45,7
3,55: 59,3
6,15-18: 45,6
7,10: 34,6

Joel
2,13: 60,1
3,1: 2,2

Amós
4,13: 59,3
9,4: 60,3

Jonas
3: 7,7

Habacuc
2,3: 23,5

Zacarias
12,1: 59,3

Malaquias
3,1: 23,5

Novo Testamento

Evangelho segundo São Mateus
5,7: 13,2
5,18: 27,5
6,14-15: 13,2
7,1-2: 13,2
7,12: 13,2
7,13s.: 48,4
12,18: 59,2
12,41: 7,7
13,3: 24,5
15,8: 15,2
16,27: 34,3
18,4: 48,6

18,6s.: 46,8
23,12: 59,3
24,35: 27,5
26,24: 46,8
26,28: 7,4
27,39: 16,16
27,43: 16,16
28,19: 46,6

Evangelho segundo São Marcos
4,3: 24,5
7,6: 15,2
9,42: 46,8

10,18: 60,1
14,21: 46,8
14,24: 7,4

Evangelho segundo São Lucas
1,71 : 60,3
1,75: 48,4.
2,30: 36,1
3,6: 36,1
6,31 : 13,2
6,36-38: 13,2
8,5: 24,5
10,20: 45,8

11,32: 7,7
12,14: 4,10
17,1-2: 46,8
18,6-7: 46,8
22,20: 7,4
22,22: 46,8

Evangelho segundo São João
3,16: 49,6
6,51: 49,6
10,7: 48,4
10,9: 48,4
12,24: 24,5
12,26: 59,3
14,2: 5,4
14,15: 49,1
14,21: 49,1
14,23: 49,1
15,10: 49,1
15,12s.: 49,6
17,3: 43,6
17,3: 59,4
17,17: 59,3
17,17: 60,2

Atos dos Apóstolos
1,15: 34,7
2,1: 34,7
2,24: 24,1
3,13: 59,2
3,26: 59,2
4,27: 59,2
4,30: 59,2
6,3: 42,4
7,27: 4,10
7,36: 51,5
7,52: 17,1
9,23: 5,6
9,25: 5,4
9,25: 5,6
9,29s.: 5,6
13,22: 18,1
13,25: 6,2
13,33: 36,4
13,50: 5,6
14,5s.: 5,6
14,19: 5,6
14,23: 42,4
15,22: 1,3
16,20-23: 5,6
17,10: 5,6
17,14: 5,6
20,3: 5,6
20,24: 6,2
20,35: 2,1
20,35: 13,1
21,27s.: 5,6
26,18: 59,2
28,28: 36,1

Epístola de São Paulo aos Romanos
1,21: 36,2
1,21: 51,5
1,28-32: 35,6
2,6: 34,3
2,17: 34,5
2,24: 47,7
2,29: 30,6
3,28: 32,4
3,30: 32,4
4,1-3: 31,2
4,2: 34,5
4,3: 10,6
4,7-9: 50,6
4,9: 50,7
4,24: 24,1
5,5: 2,2
5,11: 34,5
8,26: 36,1
8,33: 1,1
9,4s.: 32,2
11,33: 20,5
11,33: 40,1
11,36: 32,4
11,36: 32,2
11,36: 38,4
11,36: 43,6
11,36: 45,7
11,36: 58,2
11,36: 61,3
11,36: 64,1
11,36: 65,2
12,4s.: 46,7
12,6ss.: 38,1
13,1-7: 60,2

16,5: 42,4
16,27: 32,4
16,27: 38,4
16,27: 43,6
16,27: 45,7
16,27: 58,2
16,27: 61,3
16,27: 64,1
16,27: 65,2

1ª Epístola aos Coríntios
1,2: 59,3
1,10: 46,5
1,10ss.: 47,3
1,19: 32,4
1,31: 13,1
1,31: 34,5
2,4: 47,3
2,9: 34,8
2,10: 40,1
2,10: 47,3
2,12-15: 47,3
4,5: 30,6
6,15: 46,7
7,7: 38,1
7,10: 56,1
8,6: 34,2
8,6: 46,7
8,6: 64,1
9,24s.: 6,2
10,24: 48,6
10,33: 48,6

11,20: 34,7
12,4ss.: 46,6
12,8ss.: 48,5
12,12s.: 46,7
12,27: 46,7
12,12-26: 37,5
13,1-3: 49,5
13,4-7: 49,5
13,5: 48,6
14,23: 34,7
14,26: 48,6
15,15: 24,1
15,20-23: 24,1
15,23: 37,3
15,23: 41,1
15,35-38: 24,5
16,11: 65,1
16,15: 42,4
16,17: 38,2

2ª Epístola aos Coríntios
3,18: 36,2
9,8: 2,7
9,8: 33,1
9,8: 34,4
9,12: 38,2
10,17: 13,1
10,17: 34,5
11,23-33: 5,6
11,9: 38,2
13,13: 46,6

Epístola aos Gálatas
1,1: 24,1
1,4: 49,6
2,9: 5,2
2,16: 32,4
2,20: 49,6
3,6-9: 31,2
3,8: 32,4
3,14: 31,2

Epístola aos Efésios
1,3-9: 49,6
1,4: 64,1
1,18: 36,2
1,18: 59,3
2,8s.: 32,4
4,2: 49,5
4,4ss.: 46,7
4,18: 36,2
5,21: 2,1
5,21: 38,1
5,30: 46,7
6,4: 21,6

Epístola aos Filipenses
1,27: 3,4
1,27: 21,1
1,30: 7,1
2,30: 38,2
3,14: 63,1
4,3: 45,8
4,15: 47,2

Epístola aos Colossenses
1,10: 2,7
1,10: 33,1
1,10: 34,4
1,18: 24,1
1,24: 38,2
2,12: 24,1
3,12: 1,1
3,14: 49,2
3,14: 49,5

1ª Epístola aos Tessalonicenses
2,10: 44,4

2ª Epístola aos Tessalonicenses
2,4: 51,1

1ª Epístola a Timóteo
1,2: Prólogo
1,16: 42,2
1,17: 61,2
2,3: 7,3
2,7: 5,6
2,7: 60,4
2,9-15: 21,7
3,1: 44,1
3,9: 45,7
3,10: 42,2
3,11: 21,7
5,1s.: 21,6
5,4: 7,3
5,10: 2,7
5,10: 33,1
5,10: 34,4
5,14: 51,1
5,17: 21,6
6,1: 47,7

2ª Epístola a Timóteo
1,2: Prólogo
1,3: 45,7
1,9: 32,4
1,11: 5,6
1,13: 49,1
2,2: 42,4
2,21: 2,7
2,21: 33,1
2,21: 34,4
3,17: 2,7
3,17: 33,1
4,7: 6,2

Epístola a Tito
1,5s.: 42,4
1,16: 2,7
1,16: 33,1
1,16: 34,4
2,5: 47,7
2,11s.: 59,3
2,14: 64,1
3,1: 2,7
3,1: 33,1
3,1: 34,4
3,1: 60,2
3,5s.: 2,2
3,5ss.: 32,4

Epístola aos Hebreus
1,3s.: 36,2
1,5: 36,4
1,7: 36,3
1,13: 36,5
2,17: 61,3
2,17: 64,1
2,17s.: 36,1
3,1: 36,1
3,1: 61,3
3,1: 64,1
3,2: 17,5
3,2: 43,1
3,5: 4,12
3,5: 17,5
3,5: 43,1
3,5: 51,3
3,5: 51,5
3,8: 51,3
3,15: 51,3
4,7: 51,3
4,12: 21,9
4,14: 64,1
4,14s.: 36,1
4,14s.: 61,3
6,12-15: 10,7
6,18: 27,2
10,23: 27,1
10,37: 23,5
11,5: 9,3
11,7: 9,4
11,8: 10,3

103

11,10: 20,11
11,11: 10,7
11,11: 27,1
11,12: 10,6
11,17: 10,7
11,31: 12,1
11,37: 17,1
12,6: 56,4
12,9: 59,3
12,9: 64,1
12,23: 45,8
13,7: 1,3
13,17: 1,3
13,21: 20,12
13,21: 38,4
13,21: 43,6
13,21: 45,7
13,21: 50,7
13,21: 58,2
13,21: 61,3
13,21: 64,1
13,21: 65,2
13,24: 1,3

*Epístola
de São Tiago*
1,8: 11,2
1,8: 23,3
1,12: 35,4
2,21ss.: 31,2
2,23: 10,6
2,25: 12,1

3,13: 38,2
4,1: 46,5
4,6: 30,2
4,8: 11,2
4,8: 23,3
5,20: 49,5

*1ª Epístola
de São Pedro*
1,2: Prólogo
1,15s.: 30,1
1,17: 1,3
1,19: 7,4
1,21: 24,1
2,3: 60,1
2,6s.: 59,3
2,9: 36,2
2,9: 59,2
2,13-17: 60,2
2,17: 2,4
2,21: 5,7
2,21: 16,17
2,21: 33,8
2,25: 61,3
3,1-4: 21,7
4,8: 49,5
4,10: 38,1
5,5: 2,1
5,5: 30,2
5,5: 38,1
5,5: 57,1

*2ª Epístola
de São Pedro*
1,2: Prólogo
1,17: 9,2
2,2: 35,5
2,5: 9,4

*1ª Epístola
de São João*
1,7: 7,4
2,5: 49,5
4,9s.: 49,6
4,18: 49,5
5,1-3: 49,1

Apocalipse
2,17: 2,2
2,23: 34,3
3,5: 45,8
3,12: 5,2
3,19: 56,4
4,8: 34,6
5,11: 34,6
6,12: 8,3
15,3: 61,2
22,6: 64,1
22,12: 34,3

Índice analítico

Aarão: 4,11; 43,5
Abel: 4,1; 4,2; 4,6
Abirão: 4,12
Abraão: 10,1ss.; 17,2; 31,2
Adão: 6,3; 29,2; 50,3
Altar: 41,2
Ananias: 45,7
Anciãos: cf. Presbíteros
Anjos: existe grande número e servem a Deus: 34,5s.; prestam socorro: 39,7; chamados ventos: 36,3; erraram: 39,4
Apolo: 47,2
Apóstolos: 5,3; enviados de Cristo: 42,1ss.; têm direito de regulamentar a própria sucessão: 43,1; estabelecem regra para sucessão: 44,2s.; preveem contestação contra bispos: 44,1s.
Arábia: 25,1; 25,3
Arca: 9,4
Atletas: 5,1
Azarias: 45,7

Bênção: condições para bênção divina: 30,8-31
Bispos: anunciados no Antigo Testamento: 42,5; Instituição: 44,1ss.; estabelecidos pelos apóstolos: 42,4; escolhidos com aprovação de toda Igreja: 44,3; funções de orientação e liturgia: não podem ser 44,3
Caim: 4,1; 4,2-3-4; 4,6
Caridade: exemplo de Moisés: 53,5; Hino à Caridade: Cap. 49-50
Carisma: dentro do Corpo Místico: 38,1s.
Castigo: sentido: 56,3ss.
Cisma: 46,5; 47,3ss.; 51,1; horror ao: 2,6; leva à perversão, desânimo, dúvida e tristeza: 46,9; obriga à reparação: 54,2
Ciúme: cc. 5 e 6; é consequência de prosperidade: 3,2; perigo: 14,1; causa ira: 63,2; conduz à morte: 3,4; cap. 4; 9,1; 39,7; 45,4; a respeito do sacerdócio antigo: 43,2ss.
Cláudio Efebo: 65,1
Concórdia: cf. Paz
Confissão: cf. Conversão
Continência: dom de Deus: 35,2; 64,1; supõe humildade: 30,3; 38,2

Conversão: 8,1ss.; correção fraterna: 56,2; confissão pública: 51,3; apelo a: 48,1ss.; 51,1ss.; oração para: 2,2; 56,1; possibilidade: 7,5ss.; tratamento de pecadores: 56,1

Coríntios: 47,6

Corinto: introdução

Culto: ministros designados: 40,3; tempos e horas marcadas : 40,2ss.

Danaídes: 6,2

Daniel: 45,6

Datã: 4,12

Davi: 4,13; 18,1; 52,2

Diáconos: anunciados no Antigo Testamento: 42,5; estabelecidos pelos Apóstolos: 42,4

Dirce: 6,2

Discrição: importância: 30,3ss.

Egípcio: 4,10

Egito: 17,5; 25,3; 51,5; 53,2

Elias: 17,1

Elizeu: 17,1

Enoc: 9,3

Esaú: 4,8

Espírito Santo: 18,11; é vivo: 58,2; anuncia nos profetas: 16,2; Cristo fala por Ele: 22,1; na evangelização: 42,3; inspira escritores apostólicos: 47,2; inspira a Escritura: 13,1; autor das Escrituras: 45,2; inspira os ministros da graça: 8,1; inspira Clemente: 63,2; derramado sobre nós: 46,6; efusão plena: 2,1; prova bispos e diáconos: 42,4

Ester: 55,6

Ezequiel: 17,1

Faraó: 4,10; 51,5

Fênix: 25,2

Fortunato: 65,1

Fraternidade: 2,4; 2,5; 48,1

Governo: origem do poder: 61,1; oração pelo: 60,4; 61,2; ser bom e agradável ao: 60,2; submissão a: 60,4; 61,1

Hades: 4,12

Harmonia: no cosmos: 60,1

Heliópolis: 25,3

Holofernes: 55,5

Homem: mais excelente obra de Deus: 33,4

Hospitalidade: 1,2; 10,7; 11,1ss.; 12,1; salva a vida: 12, 1ss.; agrada a Deus: 35,5

Humildade: 19,1; garantia de bênçãos e graça: 30,2; 30, 8; dos pais na fé: 62,2; necessária a pessoas influentes: 48,6

Inferno: 51,4
Isaque: 31,3
Israel: 8,3; 29,2; 31,4; 43,5; 43,7; 55,6

Jacó: 4,8; 29,2; 31,4; 32,1s.
Jericó: 12,2
Jerusalém: 41,2
Jessé: 18,1
Jesus Cristo: descende de Jacó: 32,2; escolhido por Deus: 64,1; enviado de Deus: 42,1ss.; filho de Deus: 59,4; é vivo: 58,2; é humilde: 16,1ss.; mestre de equidade e magnanimidade: 13,1; fé nele garante tudo: 22,1; nossa vocação por: 32,4; 46,6; 59, 2-3; alimento pelo Viático e Palavra: 2,1; concede graça: 65,2; porta da justiça: 48,4; caridade e mandamentos: 49,1; adquirir glória em Cristo: 54,3; modelo: 2,1; 3,4; 21,8; 47,6; princípio de toda criatura: 59,3; Rei: 36,4ss.; nosso Chefe: 64,1; seus escolhidos: 50,7; Santo dos Santos: 29,3; Sumo Sacerdote: 36,1s.; 61,3; 64,1; sangue de: 7,4; 21,6; 49,6; nos salva: 58,2; primícias dos ressuscitados: 24,1; 42,3; ressurreição dele assegura plenamente os apóstolos: 42,3; Corpo Místico: 38,1ss.; 46,7; rebanho de: 54,2; confiou sua obra aos apóstolos: 42,2; revela futura contestação aos apóstolos: 44,1
Jesus, Filho de Navé: 12,2
Jó: 17,3; 26,3
Jonas: 7,7
José do Egito: 4,9
Judas, Filho de Jacó: 32,2
Judite: 55,4

Labão: 31,4
Leigo: está ligado a ordenações: 40,5
Levitas antigos: procedem de Jacó: 32,2; serviços determinados: 40,5
Liturgia: antiga: 41,2; modo de realizar: 40,2ss.; participação ordenada: 40,5
Lot: 10,4; 11,1

Mar Vermelho: 51,5
Maria, Irmã de Moisés: 4,11
Misael: 45,7
Moisés: 4,10; 4,12; 17,5; 43,1; 43,6; 51,3; 51,5; 53,2ss.

Navé: 12,2
Ninivitas: 7,7
Noé: 7,6; 9,4

Obras: valor: 33,1; 34,8; não justificam por si: 39,2ss.
Obediência: 1,3; 10,2-7; 19,1; acalma sedição: 63,1; produz alegria: 63,2; desobediência é perigo grave: 59,1
Ocidente: 5,6; 5,7
Oriente: 5,6

Paulo, Apóstolo: 5,5; 47,1
Paz: 15,1; assunto de toda carta: 63,2; é notícia: 65,1; apelo à: 30,3; pedido de: 60,4; objeto de procura; 22,5; dom de Deus: 19,2; 64,1; na criação: 20,1ss.; condição para salvar-se: 21,1; castigo educa para: 16,5; recompensa: 57,7; fruto da conversão: 56,12s.; consagra a memória: 14,5
Pedro, apóstolo: 5,4; Cefas: 47,2
Penitência: cf. Conversão
Perseguição: 1,1; 6,1ss.
Presbíteros: 55,4; são constituídos: 54,2; direito ao lugar: 44,5s.; submissão a: 57,1; paz com o rebanho: 54,2; merecem honra: 21,6; revolta de jovens contra: 1,3; 3,3; rebeldia contra: 47,6
Profeta: 43,1; anunciam a chegada de Cristo: 17,1

Raab: 12,1; 12,3
Redenção: protótipos: 55,1ss.
Ressurreição: promessa: 50,4; Deus dá provas da: 24,1; comparações: 24,2; 26,3; de Jesus – assegura plenamente os apóstolos: 42,3
Roma: Introdução

Sacerdote: ocupa lugar próprio : 40,5
Sacerdotes de Israel: procedem de Jacó: 32,2; ciúmes: 43,2ss.
Sacerdotes do Egito: examinam calendários: 25,5
Sacrifício: escolha correta: 4,1ss.; 4,4; espiritual: 52,1ss.
Santos: junto a Deus: 56,1
Saul: 4,13
Sedição: 1,1; 14,2; 47,6; 55,1; 57,1; 58,1; 63,1
Silêncio: de Deus: 35,9
Sinal: 12,7
Sodoma: 11,1
Sumo Sacerdote: tem funções próprias: 40,5; examina oferenda: 41,2

Testemunho: 5,4; 5,7; 43,1; 46,1ss.; 63,3
Tormentos: 6,1s.
Tradição: 7,2; 51,2

Valério Bito: 65,1
Viático: 2,1

CLÁSSICOS DA INICIAÇÃO CRISTÃ

Veja outros títulos da coleção em

livrariavozes.com.br/colecoes/classicos-da-iniciacao-crista

ou pelo Qr Code

Conecte-se conosco:

- **f** facebook.com/editoravozes
- **◎** @editoravozes
- **𝕏** @editora_vozes
- **▶** youtube.com/editoravozes
- **🟢** +55 24 2233-9033

www.vozes.com.br

Conheça nossas lojas:

www.livrariavozes.com.br

Belo Horizonte – Brasília – Campinas – Cuiabá – Curitiba
Fortaleza – Juiz de Fora – Petrópolis – Recife – São Paulo

EDITORA VOZES LTDA.
Rua Frei Luís, 100 – Centro – Cep 25689-900 – Petrópolis, RJ
Tel.: (24) 2233-9000 – E-mail: vendas@vozes.com.br